# PIGS IN DELIRIUM

Jorge Carlos Fonseca

Translated by Shook

PIGS IN DELIRIUM
© Jorge Carlos Fonseca

Translation from the Portuguese © Shook, 2025

Insert Press
ISBN: 978-1-947322-16-5
LCCN: 2024945965

Cover design by Pablo Marin at Verbum Media

PIGS IN DELIRIUM
Jorge Carlos Fonseca

Translated by Shook

Los Angeles
2025

Biografia sumária do autor, escrita por um antigo inimigo, hoje, depois da morte, seu admirador confesso

1950: Nascem pedaços dele em Mindelo, no Travessa do Restelo: os pés, os braços e o pénis. Aos cinco anos de idade apoixona-se por uma bezerra alva, enquanto memoriza a "fantilhona" e sonha ser padre.

1957-1967: Renasce na cidade da Praia. Aparecem outros bocados: os pêlos, a aurícula direita e o ventrículo esquerdo, as mãos e algumas artérias. Deambulan durante anos pelas achadas, pela rua Sá da Bandeira e Ponta Belém.

Magro, joga à bola, recita Dick Wittington e faz de demónio e de palhaço nas escadarias do "Adriano Moreira" e no salão paroquial. Simula quatro suicídos na Praia Negra. Desiste de ser padre e prepara-se para ser profeta.

1960 a 1965: Em Santa Bárbara, Cruz Grande e Achada Igreja, durante as férias, aparecem os ossos, os sovacos, o plasma e meia dúzia de falanges. No meio de mastros e selós, foge da avéó, anda em serenatas pela noite, compra bolachas fiadas a Zilá e orquestra assaltos a ninhos de pardais e codornizes.

1967: A caminho da Furna desespera em S. Filipe: um amor mutilado, quase tresmalhado, atraiçoa-o. Roga pragas terríveis e obtém resultados claros. Treze meses depois, a recaída, para, alguns dias mais tarde, voltar a renegar a bela e triste encomenda.

Brief biography of the author,
written by an old enemy, today,
after his death, his confessed admirer

1950: Parts of him are born in Mindelo, on the Travessa do Restelo: his feet, arms, and penis. At five years old he falls in love with a white heifer, while he memorizes his "fantilhona" textbook and dreams of becoming a priest.

1957-1967: He is reborn in the city of Praia. Other bits of him appear: his hair, his right auricle and left ventricle, his hands, and some arteries. For years they walk the tablelands, down Sá da Bandeira Road and Ponta Belém.

Lanky, he plays ball, recites Dick Whittington, and behaves like a demon and clown in the stairways of Adriano Moreira and in the parish hall. He feigns four suicides on Praia Negra. He gives up on being a priest and prepares himself to be a prophet.

1960 to 1965: In Sánta Barbara, Cruz Grande, and Achada Igreja, over the holidays, his bones, his armpits, his plasma, and a half dozen phalanges appear. In the midst of masts and sails, he runs away from his grandmother, spends his nights serenading, buys bolachas on credit from Zilá and orchestrates attacks on baby sparrows and quails.

1967: On the way to Furna, he despairs in S. Filipe: a mutilated love, nearly lost, betrays him. He pleads with terrible curses and gets clear results. Thirteen months later, the relapse, only to, a few days later, deny the beautiful, sad request again.

1969: O nascimento tem as suas últimas peças em Coimbra: os alhos, as nádegas, o esperma e as unhas.
Subverte em quatros e becos emprestados. Enamora-se da poesia, de Fanon, da revolução, dos saxofones, dos surrealistas, dos dadaístas e outros perigosos mentores de liberdade e da desobediência. Entretanto, distribui panfletos em favor da democracia.
Inicia romance com uma imperatriz salgada em banhos de átomo, cravo e espuma de champanhe.
Tem início o sonho de uma morte com esmagamento do crânio, provocado por um desabamento de livros.

1972 e 1973: Na Achadinha, na Achada de Santo António, em Sedeguma, na Achada Além e no Tarrafal anda, nos meses de Julho a Outubro, a pregar contra o colonialismo e a ditadura, em nome da arma da teoria, ao mesmo tempo que mantém encontros secretos com Breton, Lautréamont, Tzara, Trotski, Rosa Luxemburgo e Debord.

1973: Expulso da universidade e incorporado compulsivamente no exército, torna-se profissional da clandestinidade, vende livros durante oito dias e barafusta em poemas de adolescência. Vê-se armadilhado por uma boneca maldita, de que só consegue desenvencilhar-se por amor à revolução quase triunfante.
Pela primeira vez na vida decide abjurar uma expressão: "verve melódica".

1974: Depois de participar em tomada de quartel militar em Beja, é enviado para os Estados Unidos em missão de subversão. Três meses depois mascara-se de diplomata em Genéve, onde debita direito do mar. Regressa às origens, passados dois meses.

1969: The final pieces of him are birthed in Coimbra: the eyes, his buttocks, his sperm, and his fingernails.

He rebels in borrowed rooms and alleys. He falls in love with poetry, with Fanon, with revolution, with saxophones, with the Surrealists, with the Dadaists and other dangerous mentors of freedom and of disobedience. Meanwhile, he distributes pamphlets promoting democracy.

He begins a romance with an empress brined in atomic baths of clove and champagne foam.

He first dreams of death caused by a landslide of books crushing his skull.

1972 and 1973: In Achadinha, Achada Santo António, Sedeguma, Achada Além, and Tarrafal, from the months of July to October, he rails against colonialism and the dictatorship, in the name of theory's weapon, while at the same time holding secret meetings with Breton, Lautréamont, Tzara, Trotsky, Rosa Luxemburg, and Debord.

1973: Expelled from the university and forcibly conscripted into the army, he becomes a professional in clandestinity, he sells books for eight days and grumbles in adolescent poems. He finds himself trapped by a cursed doll, from which he can only extricate himself because of his love for the almost triumphant revolution.

For the first time in his life he decides to recant a phrase: "melodic verve."

1974: After participating in the taking of the military barracks in Beja, he is sent to the United States on a mission of subversion. Three months later he disguises himself as a diplomat in Geneva, where he riffed on the law of the sea. He returns to his origins after two months.

1975-1979: Aprendiz de diplomacia na Praia, New York, Dakar, Paris, Bissau, Libreville, Lisboa e Nairobi, surgem-lhe, pela primeira vez, o arroto, a circuncisão do espírito e a averso à balalaica. Sambista na Manqueira e cavaleiro no Rio Branco. Assina tratados aos montes. Em New York, escreve poemas do deslumbramento e revolta (segundo Abílio Duarte). Conspira em nome da radicalidade, da liberdade e da utopia. Aos porcos renega Lenine. O esmagamento de Cronstadt fá-lo recuar decisivamente na sua admiração por Trotsky.

Em 1978, num baile de máscaras (New York-Boston), descobre a ilusão de Ipanema.

1977: Enquanto visita a China milenária nasce-lhe a primeira filha a quem quer dar o nome de Antónia Nestlé. O nome é rejeitado. Delira com os episódios do "bando dos quatro" mas não escreve quaisquer "poemas da China".

1979: O ano de todas as loucuras. Decide dizer não ao silêncio, à morte contabilizada e ao afago notariado. Pretende seguir em direcção ao norte. O corpo exila-se na Amadora. A alma flutua (Praia, Dakar, a estiva, Ponta Belém, a rebelião generalizada, a espera de 1990) e agita-se.

Amores de ladeira levam-no a fazer poesia a saias plissadas. Tempos, igualmente, de bigamia de palavras e de paixões de degoladas na adolescência de seios descodificados.

1980: Estuda, feito louco, direito e crime, sem deixar de conspirar. Conhece Prévert e Rigaut e inicia o diálogo com Whitman, Ginsberg, Le Roi Jones e Césaire. Dorme com Ornette Coleman e Rimbaud. Clandestinamente namorisca Pessoa.

Nasce segunda filha. O nome Vera China é também recusado.

1975-1979: As an apprentice diplomat in Praia, New York, Dakar, Paris, Bissau, Libreville, Lisbon, and Nairobi, he first experiences belching, circumcision of the spirit, and aversion to balalaika. A Sambista in Mangueira and knight in Rio Branco. He signs treaties in droves. In New York, he writes poems of wonderment and revolt (according to Abílio Duarte). He conspires in the name of radicalism, liberty, and utopia. He gradually disowns Lenin. The crushing of Kronstadt makes him decisively retreat in his admiration for Trotsky.

In 1978, at a masked ball (New York-Boston), he discovers the illusion of Ipanema.

1977: While visiting ancient China his first daughter is born, whom he wants to name Antónia Nestlé. The name is rejected. He raves about what happens to the "Gang of Four" but doesn't write any "Chinese poems."

1979: The year of every madness. He decides to say no to silence, to accounted-for death, and to notarial caress. He intends to continue toward the north. His body goes into exile in Amadora. His soul floats (Praia, Dakar, stowage, Ponta Belém, generalized rebellion, the wait for 1990) and churns.

Hillside loves lead him to write poetry to pleated skirts. Times, equally, of the bigamy of words and infatuations beheaded in the adolescence of decoded breasts.

1980: He studies, maddened, law and crime, without ceasing to conspire. He meets Prévert and Riqaut and begins to dialogue with Whitman, Ginsberg, Le Roi Jones, and Césaire. He sleeps with Ornette Coleman and Rimbaud. He clandestinely flirts with Pessoa.

His second daughter is born. The name Vera China is also rejected.

1980-1985: Cria grupos, gera movimentos e ligas, redige e distribui panfletos, estuda alemão e converte-se definitivamente à liberdade. Escreve poesia libertária, suicida-se amiúde em acrobacias e escritos de amor e paixão, ensina e publica estudos sobre o delito e a pena.

Interrogado uma vez pela polícia sobre quais eram os seus dois maiores prazeres na vida, responde espontânea e sinceramente: 1.º: engraxar os sapatos no meio de pombos sentado num banco de praça de uma grande cidade; 2.º: apreciar a solenidade de uma longa marcha de lombrigas.

1985: Com a febre criminal, durante seis meses esconde-se e vive numa biblioteca em Freiburg im Breisgau, nome lindo de uma cidade sitiada pelo verde e adormecida pela noite. Percebe o sentido exacto de "Deutschland über alles", enquanto, em bocados de noites e madrugadas, delira em Littenweiler.

Nos momentos mais alucinados escreve cartas de amor e de paixão, trezentas e noventa e nove ao todo.

Logo de seguida, é atacado por uma tristeza inenarrável (Praia, Novembro-Dezembro).

1986: De todo esse encantamento sai um menino. Seu nome: "Crimes de empreendimento e tentativa". Ao mesmo tempo empreende, com sucesso, uma tentativa de "eternidade possível". Daí uma nova saga amorosa que ainda perdura (não temos informações seguras do Além, a partir do ano 2005).

1989-1990: Mandarim da Taipa (Tunha Tai Ho) e celebrante da cotovia, do pasmo e da alegria em Cheok Van, Kam Pek e Lok Jun. Continua a delírio criminal. Muda de nome durante algum tempo.

1980-1985: He creates groups, spawns movements and leagues, drafts and distributes pamphlets, studies German, and definitively converts to liberty. He writes libertarian poetry, regularly commits suicide in acrobatics and writings of love and infatuation, teaches and publishes studies on crime and punishment.

Interrogated once by the police about what were his two greatest pleasures in life, he responds spontaneously and sincerely: 1st: to have his shoes polished amidst the pigeons, seated on a bench in the main square of a big city; 2nd: to enjoy the solemnity of a long march of worms.

1985: With criminal fever, he hides for six months in a library in Freiburg im Breisgau, the pleasant name of a city besieged by green and sleepy by night. He understands the exact meaning of "Deutschland über alles," while, in patches of night and early morning he turns delirious in Littenweiler.

In his most delirious moments he writes passionate love letters, three hundred and ninety-nine in all.

Just afterwards, he is attacked by an unspeakable sadness (Praia, November-December).

1986: From all of that enchantment comes a child. His name: "Corporate Malpractice." At the same time he undertakes, with success, an attempt at "possible eternity." Consequently, a new romantic saga, which still endures (we don't have certain information from the Beyond, after the year 2005).

1989-1990: Taipa Mandarin (Tunha Tai Ho) and celebrant of the lark, of awe, and of joy in Cheok Van, Kam Pek, and Lok Jun. His criminal delirium continues. He changes his name for a time.

No dia 18 de Fevereiro de 1990, num pesadelo, vê a sua cidade em liberdade plena. Às cinco da manhã, um telefonema acorda-o para a realidade: o pesadelo afinal não o era.

1991-1994: Completamente embriagado pela liberdade, vesta-se de verde, torna-se sisudo e ministro. Três anos depois, é acusado de alta traição e condenado à pena de desterro, precisamente numa fase da vida em que deixou de subverter. Por isso, recusa-se a cumprir a pena e declara-se inocente, totalmente inocente, vendo-se inclusivamente obrigado a enfrentar touro convicto. Refugia-se, de novo, no direito, no combate libertário, desta vez com capa laranja, e em delírios cor-de-rosa
Aguça o apetite pelo crime, pela bola e pelo vinho.
Sentindo-se atraiçoado, rasga, indignado, três "Poemas de uma nota só".

1995-1996: É renegado numa das pátrias. Renega-a também, definitivamente. Compromete-se com o silêncio e em silêncio vai tecendo sonhos.
Apresenta publicamente "O silêncio acusado de alta traição e de incitamento ao mau hálito geral". Continua com a mania do crime e, assim, faz códigos, viaja, faz conferências e escreve.

1997: Redescobre a loucura poética e acentua-se a paixão pela delinquência. Desata a escrever. Cria revistas, lança jornais, torna-se maratonista. Hospeda René Char, no quarto sul de sua casa na Achada de Santo António, durante vinte e sete dias e vinte e sete noites. Discutem apaixonadamente o título de um livro: Porcos em delírio ou Porcos em liberdade.

1998: Um verdadeiro ano de tigre. Exílio prolongado. Vai a Tokyo, Baden-Baden e Roma; revisita a magnífica Espanha; regressa às ruas da Praia; banha-se diariamente nas águas

On the 18th of February, 1990, in a nightmare, he sees his city fully liberated. At five in the morning, a telephone call wakes him to reality: it wasn't a nightmare after all.

1991-1994: Fully inebriated by liberty, he dresses in green, he becomes stern and ministerial. Three years later, he is accused of high treason and condemned to be banished, precisely in a phase of life in which he quit subverting things. That's why he refuses to accept the punishment and declares himself innocent, totally innocent, even seeing himself responsible to confront a convicted bull. He takes refuge, again, in law, in the libertarian struggle, this time with an orange coat, and in pink deliriums.
He whets his appetite for crime, for football, and for wine.
Feeling betrayed, he shreds, indignant, three "Poems of Just One Note."

1995-1996: He is disowned in one of his homelands. He disowns it too. He comes to a compromise with silence and in silence he keeps weaving dreams.
He publicly presents "Silence Accused of High Treason and Incitement to General Bad Breath." His mania for crime continues and, thus, he composes legal code, travels, attends conferences, and writes.

1997: He rediscovers poetic madness and his love for delinquency grows. He starts writing. He creates magazines, launches newspapers. becomes a marathoner. He hosts René Char, in the southern room of his home in Achada Santo António, for twenty-seven days and twenty-seven nights. They passionately argue about the title of a book: Pigs in Delirium or Pigs in Liberty.

1998: A true year of the tiger. Prolonged exile. He goes to Tokyo, Baden-Baden, and Rome; he revisits magnificent Spain;

das ilhas; descreta o estado de sítio numa parcela da Achada de Santo António; publica novo livro sobre o crime; acaba a romance "Cidade minha, leviana, prostituta, emquatro traições banais, a caminho de uma bela e subterrânea salvação"; converte Arménio Vieira ao budismo e Cânfora ao Benfica; deixa de comer moreia e declara solenemente que nunca mais frequentará sítios de perdição. Mas também nunca chega a decifrar o teor da declaração.

1999: Suprema infâmia! É acusado de ser o mentor do frustrado assalto à Grande Galeria do Louvre. A cidade, ciumenta de Petrus Paulus Rubens, fora encontrada com a mão direita sobre "Ixion, roi des Lapithes, trompé par Junon". Em sua defesa apenas alegou: "A liberdade de expressão nasceu sobre estes muros. Mas a paixão está inscrita irremediavelmente no dorso de minha alma".

Nasce-lhe Leão David, o autêntico poeta maldito parido no chão da grande cidade.

2000: À pergunta "a que acha da alma moçambicana" respondeu enigmaticamente:
Mialusalmeida!
Longo trovejar no cabo,
reabilitada ternura da Praia
numa índica paisagem de silêncios.

2001-2004: Surpreendentemente volta em força à actividade de pregação. Obtém êxito relativamente inesperado e é investido em funções da mais alto nível, numa cerimónia marcada por música, poesia e declarações de fidelidade.

Percorre o país de lés a lés, distribui esperanças e sorrisos, deixa-se fotografar e filmar a torto e direito, traz consigo sempre

he returns to the streets of Praia; he takes a daily swim in the waters of the islands; he declares a state of emergency on a parcel in Achada Santo António; he publishes a new book on crime; he finishes the novel "My City, Rash Prostitute, in Four Banal Betrayals, on the Path toward a Beautiful, Subterranean Salvation"; he converts Arménio Vieira to Buddhism and Cânfora to Benfica; he quits eating moray and solemnly declares that he will never again frequent sites of perdition. And he also never manages to decipher the contents of his declaration.

1999: Supreme infamy! He is accused of being the leader of the foiled burglary of Louvre's Grande Galerie. The city, jealous of Petrus Paulus Rubens, was found with her right hand over "Icion, roi des Lapithes, trompé par Junion." In his defense he merely alleged: "Freedom of expression was born upon these walls. But passion is written irremediably on the back of my soul."

Leão David is born, the true poète maudit birthed on the ground of the big city.

2000: To the question "what do you think of the Mozambican soul" he enigmatically responded:
Mialusalmeida!
Long thunder on the cape,
rehabilitated tenderness of Praia
in an Indic landscape of silences.

2001-2004: Surprisingly, he returns in force to his activity as preacher. He achieves relatively unexpected success and is installed in positions at the highest level, in a ceremony marked by music, poetry, and declarations of allegiance.

He travels the country from one end to the other, spreading hope and smiles, letting himself be photographed and filmed

a bandeira da liberdade. À volta dele um séquito de fiéis, muitos deles antigos traidores (e mais antigos, ainda, fiéis de outrora).

Sem ninguém perceber porquê, resolve despojar-se de todos os bens materiais e dedicar-se à vida ascética. Anda pelos montes e achadas da ilha, sempre em silêncio, carregado de livros e de artefactos sem valor.

Por fim, decide abrigar-se num mosteiro. Mas por pouco tempo. Treze meses depois regressa a casa.

2005: Morre, sufocado pelo tédio e pelo fatal amortecimento da subversão, e decepcionado com a baixa taxa de natalidade e a ronceirice dos críticos literários do burgo. Acaba por ser enforcado na praça pública. Amaldiçoara as palavras "prontes" e "digamos" e a expressão "com eficácia, eficiência e efectividade", enquanto iniciava a escrita de "Solfejo de mim mesmo e outros poemas".

O cortejo fúnebre é acompanhado por milhares de pássaros, muita gente vestida de roxo, a banda municipal (com Cesário Clarinete e Manuel Benitómica) a tocar música de Eugénio Tavares e de Stravinsky. Cruza-se, na descida para a velha alfândega, com uma manifestação impressionante contra o aumento do preço dos livros de poesia.

No testamento deixa as seguintes indicações:
  – rejeita qualquer condecoração a título póstumo;
  – não aceita comunicado de pesar de nenhum comité, grupo, núcleo ou sacção de partido político;
  – quaisquer revelações futuras sobre a sua vida amorosa e pessoal, mesmo constando de cartas exibidas, são inapelavelmente falsas;
  – não concede perdão aos tipos o às tipas que, em vida, o lixaram ou procuraram lixar;
  – unca será devorado pelos lobos como Mílon de Crotona;

willy-nilly, always carrying the flag of freedom. Around him a retinue of believers, many of them former traitors (and former believers, even older still).

Without anyone understanding why, he decides to divest himself of all material goods and dedicate himself to the ascetic life. He walks through the island's hills and tablelands, always silent, laden with books and worthless trinkets.

Eventually, he decides to take shelter in a monastery. But not for long. Thirteen months later he returns home.

2005: He dies, suffocated by boredom and by the fatal dampening of his subversion, and disappointed by the low birthrate and the laziness of the borough's literary critics. He winds up being hanged in the public square. He had cursed the words "okey-dokey" and "let's say" and the expression "with efficacy, efficiency, and effectiveness," as he began writing "Solfeggio of Myself and Other Poems."

The funeral procession is accompanied by thousands of birds, many people dressed in purple, the municipal band (with Césario Clarinete and Manuel Benitómica) playing music by Eugénio Tavares and Stravinsky. On the way down to the old customs house, it bumps into an impressive protest against the increase in the price of poetry books.

In his will he leaves the following instructions:
 — he rejects all posthumous distinctions;
 — he does not accept statements of regret from any committee, group, core, or section belonging to any political party;
 — any future revelations about his love or personal life, even if attested to by letters, are unimpeachably false;
 — he grants no pardon to the guys and gals who, in life, screwed him or tried to screw him;
 — he will never be devoured by wolves like Milo of Croton;

– deixa os fatos e a roupa interior àquele embaixador;
– não deixa os livros a ninguém;
– deixa a casa, o automóvel, o jeep, a louça, os sofás, os espelhos, os computadores, as alcatifas, os Cds e a aparelhagem de som ao Gabinete das Privatizações;
– às ONGs não deixa senão o mais fundo e malcheirosa desemprego;
– há-de decifrar este enigma dos pais do deserto: "Procura Deus e não procures onde Ele habita";
– ficam os vinhos para a Arnaldo Silva, os uísques para a Tchitcho, a conta bancária para a compra de livros (de acordo com lista deixada à mulher), os sumos de fruta para aquela chatarrona organização da juventude; os direitos de autor para o mendigo que está sempre à porta do café da Ilione, a certeza de ressuscitação para a mulher e as cartas e os segredos para os filhos.

— he leaves his suits and underwear to that ambassador;
— he doesn't leave his books to anyone;
— he leaves the house, the automobile, the jeep, the crockery, the sofas, the mirrors, the computers, the rugs, the CDs, and the sound system to the Office of Privatization;
— to the NGOs he leaves nothing but the deepest and most reeking contempt;
— this riddle from the Desert Fathers must be deciphered: "Seek God and seek not His dwelling";
— his wines are for Arnaldo Silva, his whiskeys for Tchitcho, his bank account for the purchase of books (according to the list left with his wife), his fruit juices for the mind-numbing youth organization; his copyright for the beggar who is always outside of Ilione's café, the certainty of resurrection for his wife and his letters and his secrets for his children.

À cidade da Praia

(a única no mundo que, ao ler o Aragon de "Tratado do estilo", *mandou fazer um letreiro com os dizeres seguintes:* "*André Gide não é palafreneiro nem palhaço, é um chato*")

Cidade minha, obsessão muito dolorida,
quem alguma vez te romanceou.
quem espreitou,
de alguma varanda escondida,
os seios coniformes e desprevenidos
de tuas caníngicas (de cana e esfinge) mulheres?

Quem, até hoje. te escreveu poema que não fosse
chato, desolado ou ranhoso?!
(Lembras-te de "Câ nhôs djobem cli pâ baxu"?)

Onde se esconde o teu Ferreri, em que labirinto se deixou de ver o
teu Kafka. cidade minha apetecida?
Estão a dar cabo de ti! Mas quero ser eu o único a dar cabo de ti!
Quero ser o teu rei, o teu súbdito, o teu amante, o teu poeta,
quero ser eu a cidade (tu), toda a cidade.

Dizem que não mereces umas *Las Hurdes*?!
Acham os teus inimigos que nunca terás um *Ulysses* ou uma Sistina?!
Onde está o teu Garbarek, onde está a tua Vera Zasulich,
cidade minha, capital que vais ser do império que aí vem?
Ri dos imperadores que te querem dar, tu que já tiveste
e celebraste Patchitcha, Fernando Jorge, Baíno, Valente, Grilo,
Túlú, Cócó di Gigante, Antoninho Baratêro, Nezinho Brasileiro e
  Lindos Melhas!

To the city of Praia

(the only one in the world that, at reading Aragon in **Treatise on Style,** *had a sign with the following message made: "André Gide is neither a groom nor a clown, he's a bore")*

City of mine, deeply aching obsession,
who ever romanced you,
who peeked,
from some hidden balcony,
at the breasts, cuneiform and vulnerable,
of your caninxan (from sugarcane and sphinx) women?

Who, before today, has written you a poem that wasn't
boring, bleak, or snotty?!
(Do you remember "Câ nhôs djobem di pâ baxu"?)

Where does your Ferreri hide, down what labyrinth did you lose sight of
your Kafka, desirable city of mine?
They're here to destroy you! But I want to be the only one to destroy you!
I want to be your king, your subject, your lover, your poet,
I want to be the city (you), all of the city.

Do they say that you don't deserve your *Las Hurdes*?!
Do your enemies think that you'll never have your *Ulysses* or
    Sistine Chapel?!
Where is your Garbarek, where is your Vera Zasulich,
city of mine, the capital you will be to the empire to come?
Laugh at the emperors they want to give you, you who already had
and celebrated Patchitcha, Fernando Jorge, Baíno, Valente, Grilo,
Tútú, Cócó di Gigante, Antoninho Baratêro, Nezinho Brasileiro, and
    Lindos Melhas!

Hei-de construir, para os teus heró is, os mortos e os vivos,
Pirâmides, castelos damasquinados, e erguer, em nome deles,
Catedrais, estádios e universidades reluzentes.

Onde fica o teu sexo? Qual é o teu sexo?!
Serei o teu amor singular, quero ser eu apenas a seduzir-te,
a violar-te, docemente, diariamente,
minha cidade, minha capital suficientemente leviana,
de vez em quando discreta prostituta na arte e nos sonhos.

Quero-te só para mim,
o peito alto e descoberto,
os cabelos de mar, soltos e bravios,
entrelaçados a sal e vinagre,
a vagina célere, insubmissa e com os dentes de fora, arreganhados.
Uma vagina que aloje a América, todo a Guang Dong, Paris, as
avenidas de Kuala Lampur, Ou Mun, para não falar dessas
    capitais LP.
Uma vagina, cidade amada,
que, finalmente, junte di Nhâ Reinalda a Brubeck,
vagabundo orgasmo a gigantesco lava-loiças, onde dançarão
cisnes dourados e peixes vermelhos ao ritmo de rag time.
(Mas deixa que te diga: nunca hei-de aceitar que teus detractores,
afinal, ingratos pastores de tuas águas e veias, te chamem
    vagina navegável!)
Apesar das traições, grandes e pequenas (quem não trai,
a final?): apesar de teu mitigado pundonor quando,
soberba e de olhar fulminante,
ofereces o suave e rápido encanto de tuas partes mais íntimas, farei
de teu útero um palácio visigótico, ou, se quiseres, árabe ou judio,
com átrios gigantescos, centenas de corredores e jardins de
orquídeas, guardado por um exército permanente e fardado a rigor.

I will construct, for your heroes, the dead and the living,
pyramids, damascened castles, and raise, in their names,
shining cathedrals, stadiums, and universities.

Where is your sex? What is your sex?
I will be your singular love, I want it to be just me to seduce you,
to rape you, sweetly, daily,
city of mine, sufficiently mild capital of mine,
occasional discrete prostitute in art and dreams.

I want you just for me,
breasts pert and bared,
the hairs of the sea, untied and wild,
salt and vinegar interlaced,
vagina swift, unsubmissive and with its teeth on the outside, snarling.
A vagina that harbors America, all of Guang Dong, Paris, the
avenues of Kuala Lampur, Ou Mun, not to mention those capitals of
      the Portuguese-speaking world.
A vagina, beloved city,
which, finally, joins di Nhâ Reinalda to Brubeck,
the gigantic dishwasher a vagabond orgasm, where
golden swans and vermilion fish dance to the rhythm of ragtime.
(And let me tell you: I shall never accept that your detractors,
after all, ingrate shepherds of your waters and veins, call you
      navigable vagina!)
Despite the betrayals, big and small, (who doesn't betray,
after all?); despite your mitigated point of honor when,
haughty with your fulminant gaze,
you offer the soft and rapid enchantment of your most intimate parts,
      I will make
of your uterus a Visigoth palace, or, if you prefer, an Arab or Jewish one,
with gigantic atriums, hundreds of corridors and gardens of
orchids, guarded by a permanent and impeccably uniformed army.

Onde está o teu Picasso? Onde está a tua Guernica?!
As pedras de tuas ruas não têm musgo?
A final, lembras-te de alguma vez te chamarem grande capital,
cidade eterna ou varanda de qualquer continente?!

Serei eu a dar-te os jovens que mereces, e não essas múmias, essa
cachupa requentadíssima que te servem por aí.
Mereces meter essa gente toda no bolso. Que é Montreux
comparado com a tua Gamboa?

Que seria do mundo sem ti, tu o Artista, o Tesouro por enquanto
desconhecido, quase clandestino, a face perlada, o sorriso, eterna
cenoura de feitiços cor-de-prata?!

Não há clonagem capaz de fazer outra igual a ti! Fará Lisboa,
S.Filipe, Ziguinchor, Pará ou Niamey, mas cidade como tu, nunca!
Terás uma Mindelo, três Assomadas, meia dúzia de Sydneys,
uma vintena de Mosteiros só para ti,
todos os bares de Pat Pong, e,
se o desejares,
farei de ti uma metrópole sem igual, longa, perversa, cheia de luz, a
pedir sempre mais luz, como queria Goethe.
Transportarei para ti,
arrastado por uma esquadrilha de galeras de todas as cores,
erecto, cilíndrico e musculado fiorde,
que atravessará,
festivo e arrogante,
as artérias da ressuscitada Praia Negra,
e, então, cidade minha, só minha,
erguerei sobre o teu aveludado dorso
uma gigantesca bandeira com os dizeres seguintes:
Abram bem os ouvidos, poetas desta cidade!
Nunca digam que paraíso nenhum existe
ou que todos os paraísos são artificiais!

Where is your Picasso? Where is your Guernica?
Do your cobblestones grow no moss?
After all, do you remember their ever calling you grand capital
eternal city, or veranda of any continent?!

I will be the one to give you the youth that you deserve, and not those
mummies, those reheated cachupa leftovers they serve you over there.
You deserve to slip all of those people into your pocket. What is
Montreux compared to your Gamboa?

What would become of the world without you, you the Artist, the
Treasure as yet unknown, almost clandestine, face pearlescent, that
smile, eternal carrot of silver fetishes?!

There is no cloning capable of producing your equal! It will make
Lisbon, S. Filipe, Ziguinchor, Pará, or Niamey, but a city like you, never!
You will have one Mindelo, three Assomadas, a half dozen Sydneys,
a score of Mosteiros just for you,
all of the bars of Pat Pong, and,
if you desire it,
I will make of you a metropolis with no equal, vast, perverse,
filled with light, always asking for more light, like Goethe wanted.
For you I will transport,
dragged by a squadron of galleys of every color,
an erect, cylindrical, and muscled fjord,
that will cross,
festive and arrogant,
the arteries of the resuscitated Praia Negra,
and, then, city of mine, mine alone,
I will hoist on your velvety back
a gigantic banner with the following message:
Open up your ears, poets of this city!
Never say no paradise exists
or that every paradise is artificial!

Se, por algum tosco Cláudio ou Napoleão,
à morte condenado for,
nada temas, amada minha,
que farei como Arria:
"Praia, non dolet!"

Queres ser outra cidade, ter outro nome? Alguma vez desejaste ter
    outro esposo?
Não?! Já o adivinhava, minha cidade (só minha), cidade da Praia!

If, by some crude Claudius or Napoleon,
you are condemned to death,
fear nothing, my beloved,
as I will do as Arria:
"Praia, non dolet!"

Do you want to be another city, to have another name? Have you ever
    desired another husband?
No?! I never doubted it, city of mine (mine alone), city of Praia!

Também em jeito de homenagem

"duvido mesmo que alguém possa cair a não ser os governos
felizmente todos os governos hão-de cair
os únicos governos que não hão-de cair são os bons governos
e os bons governos são coisa que não existe ainda
mas têm de começar a existir existem nos meus poemas…"

(Allen Ginsberg — "Morte à orelha de Van Gogh!")

Also by way of homage

I doubt if anyone will really fall anymore except governments
fortunately all governments will fall
the only ones which won't fall are the good ones
and the good ones don't yet exist
but they have to begin existing they exist in my poems…

(Allen Ginsberg — "Death to Van Gogh's Ear!")

"CONTINUO SEM ME INTEIRAR DO QUE POSSA HAVER DE COMUM ENTRE A POESIA E A LITERATURA. A POESIA É DOMÍNIO RESERVADO E É INÚTIL PRETENDER PROSTITUÍ-LA"

(Breton)

1976-1979-1980-1997

"I STILL DON'T SEE WHAT
POETRY AND LITERATURE
MIGHT HAVE IN COMMON. POETRY IS
A RESERVED DOMAIN AND IT'S USELESS
TO TRY TO PROSTITUTE IT."

(Breton)

1976-1979-1980-1997

Um natal sem nó nem dó

Dança de esqueletos
sorrisos engravatados
morabeza de enganos
corações estilhaçados

Espora de álcool
cristo sem vida
crianças agrilhoadas
poetas desempregados
luzes amaldiçoando a cidade

Festival sem música
bêbados sem flores
namorados mastigando estrelas
sopro de morte em 365 dias de pesadelos

Teatro sem actores
barcos naufragados em mar de desesperança
ilusões vendidas a preço de luxo
prostitutas silenciando a revolta irreverente de moluscos

Cachimbo sem fumador
carnaval de mágoas
páscoa de ovos-de-régua em lua-de-mel desiludida
ano novo madrugando compassos ritmados de suor

Festa sem bandeiras
alvoroço de pedra em painel de cinzas
presépios lembrando gráficos de soro
multidão rouca em gestos bolorentos.

Era Natal.

A christmas with neither ties nor pity

Dance of skeletons
smiles in ties
morabeza of deceptions
shattered hearts

Spur of alcohol
lifeless christ
shackled children
unemployed poets
lights cursing the city

Festival without music
drunkards without flowers
lovers chewing stars
the breath of death for 365 days of nightmares

Theater without actors
ships wrecked in the sea of despair
illusions sold at luxury prices
prostitutes silencing the irreverent revolt of mollusks

Pipe with no smoker
carnaval of sorrows
easter of eggs-measured on a disappointed honeymoon
new year breaking with steps rhythmic with sweat

Party without banners
commotion of stone on a panel of ash
nativities remembering graphs of serum
multitude hoarse in moldy gestures.

It was Christmas.

O simulacro do suicídio

Ei-lo
    os nervos corpo comediante imaginação de esponja
caminhando resoluto
        para o palco trágico do romantismo apetecido.

Ei-lo
    pressuroso louco sonhador
descobrindo a maravilha do abismo
        a poesia frenética do fantástico.

Ei-lo
    carne trémula o fémur e o peróneo calcificados
bebendo a dor espantosa
        do vácuo inundando as vísceras.

Ei-lo
    pele tétrica gestos festivos
antevendo gostoso
        o sonho real do golpe miraculoso.

Ei-lo
    unhas de peste pescoço laminar
vomitando a vida
espreitando com sorriso defunto
        o espectáculo do empréstimo à morte.

Ei-lo Ei-lo
    olhos de lume pénis em flor
cantarolando a morte-dos-dois-maços-por-dia
        entre alas de garotos guarda-fato de seu destino.

Suicide's simulacrum

Here it is
    the nervous body of a comedian imagination of a sponge
walking resolute
        toward the tragic stage of longed-for romance.

Here it is
    mad hurried dreamer
discovering the wonder of the abyss
        the frenetic poetry of the fantastic.

Here it is
    trembling flesh or calcified femur and fibula
drinking chilling grief
        from the void flooding the viscera.

Here it is
    grim skin festive gestures
forecasting enjoyable
        the real dream of the miraculous coup.

Here it is
    fingernails of pestilence laminar neck
vomiting life
watching with a deceased smile
        the spectacle of the loan to death.

Here it is
    eyes of heat penis in bloom
humming the death-by-two-packs-a-day
        between the wings of kids fact-keeper of their destiny.

Ei-lo
 caminhando sempre
 gestos festivos
 pressuroso
 nervos

imaginação
 tíbia e frontal
 pele tétrica
 unhas de peste
 pescoço laminar

Leva cordas vida
 e coração de mulher nos bolsos

Leva gente escadote
 todas as articulações

QUER A MORTE POR SETE DIAS.

Here it is
    always walking
    festive gestures
    hurried
    nerves

imagination
    tibia and frontal bone
    grim skin
    fingernails of pestilence
    laminar neck

It carries strings life
    and a woman's heart in its pockets

It carries people a ladder
    every joint

IT DESIRES DEATH FOR SEVEN DAYS.

Beija-me, palavra!

Poderia começar dizendo que a noite estrangulava sem piedade os fantasmas de meus sonhos vitaminados. Ou, de outra maneira, mais ao gosto dessas mulheres (horríveis mulheres) que maldizem a Poesia ou que com ela se babam na revoltante tentativa de atingir a medíocre normalidade, poderia dizer, por exemplo, que a cidade se subleva contra a monotonia verde de diálogos como este:

— A beleza é subjectiva. Eu cá prefiro um africano, pernas ligeiramente arqueadas, compreensivo, ombros largos. O filme de ontem é interessante. Embora não tenha compreendido algumas cenas, é um belo documento.

Pobres criaturas! Reais criaturas!

Porém, um ódio desmedido às palavras cronometradas, um sentimento epidérmico de repulsa aos catálogos, impedem-me de trair aquilo que mais adoro: as propriedades comutativa e associativa das palavras.

Continuo a preferir a magia da palavra. os bichos. as mulheres em cinzas. as crianças que detesto. a vagina doce, rebeldemente anti-herói, e, para surpresa de muitos, as flores artificiais (mas cheirosas).

Sinto uma retracção estranha ao querer começar um conto. Dizer ao João ou à Adelina que digam o que querem dizer e o que não querem dizer. Obrigar Julieta, Tiago ou Nhô qualquer coisa a falar da ribeira que secou, a oficiar-nos que os três filhos não são príncipes, a massacrar-nos com a sua casinha caiada de amarelo, branco, ou com o seu feliz ou infeliz quotidiano.

Kiss me, word!

I could begin by saying that the night mercilessly strangled the phantoms of my vitaminized dreams. Or, in another way, more to the liking of those women (horrible women) who curse Poetry or drool with her in the appalling attempt to reach mediocre normality, I could say, for example, that the city rise up against the green monotony of conversations like this one:

—Beauty is subjective. I myself prefer an African, legs slightly curved, understanding, broad shoulders. The film from yesterday is interesting. although I don't understood a few scenes, it's a beautiful document.

Poor creatures! Royal creatures!

Yet, an unfettered hatred for timed words, an impulsive repulsion to brochures, prevent me from betraying that which I most adore: the commutative and associative properties of words.

I continue to prefer the magic of the word. animals. women in ashes. the children I detest. the kind vagina, rebelliously anti-hero, and, to the surprise of many, artificial flowers (but scented).

I feel a strange retraction to wanting to begin a story. To say to João or to Adelina to say what they want to say and what they don't want to say. To at all oblige Julieta, Tiago or Nhô to speak about the stream that dried up, to certify that the three sons are not princes, to massacre us with their little house, yellow- and whitewashed, or with their happy or unhappy everyday.

Ainda por cima, correria o risco de facilitar a tarefa aos impertinentes críticos da palavra. como se ela fosse uma miserável adúltera ou uma intrigante sucursal de programadores de fins-de-semana.

É por tudo isso que alegremente recuso sempre dizer, imaginem só!, uma como: gosto desta música mas apenas de vez em quando. Neste pormenor, sigo as pisadas de uma douta fabricante de banalidades: adoro os bébés todos viva a académica empresta-me uns discos para gravar o exile one é um conjunto formidável.

É por isso que todas as noites simulo amar-te e digo oferecer-te este corpo besuntado com estrelas líquidas roxas desarticuladas.

Moreover still, I would run the risk of easing the work of the word's impertinent critics. as if she were a miserable adulterer or an intriguing branch office of weekend planners.

It's because of all that I always gladly decline to say, just imagine!, one like: I like this music but just every once in a while. In this aspect I follow in the footsteps of a studied manufacturer of banalities: I love babies all of them hurrah for the scholar lend me a few CDs to burn exile one is a superb group.

It's because of this that every night I pretend to love you and say I offer you this body slathered with liquid purple disjointed stars.

Mindelo está a arder!

À bica do Café Rêgo, homenagem de um desertor, atingido fatalmente por uma indigestão fraccionista

Um sol em miniatura crava-nos o peito numa tarde de Mindelo, idêntica a muitas outras. O ar condicionado de minhas narinas, insubmissas e cosmopolitas, invade de repente o pequeno universo de uma estúpida saudade. Vejo-a ali, estampada no vidro sujo do armário, no meio de bolinhos de arroz, garrafas de orange squash e cigarros americanos.

Enquanto medito no destino submarino de meus ossos malditos e enfadados e uma ventoínha traiçoeira e antiquadíssima queima o oxigénio que ainda nos resta para digerir uma caldeirada pustulenta e mágica, pisco o olho a uma jovem imaginária, acastanhada, pernas e coxas de maizena, as bochechas rosadas, estupendamente bem nutridas. Ela responde-me com um sorriso nos lábios grossos e diz-me, indiferente ao silêncio quente da rua lisboa:

— Olha, meu caro, que queres tu que te diga?! Amo-te com amor de baleia prostituída?! Adoro o verão de teus cabelos oleosos e achinesados?!

Depois, ri. Como se fosse sábado em noite lúdica de ofélia. No mesmo tom de chacota, prossegue:

— Mas, ouve lá, meu valentão, meu semáforo provinciano, queres ou não queres limpar a pele dessas verrugas soberbas, bebendo um copo cheio de meu sangue forte, vermelho e abençoado?!

Fui obrigado a improvisar uma resposta:

— Sim, minha bela estátua de mel costumo encontrar todos os dias à tarde, na sede do amarante, uma fonte limpa jorrando bocados robustos de espumante, como se, por acaso, os coqueiros da minha tristeza pudessem curvar-se, românticos, sobre o mar amarelado de nossas vidas desamparadas. Mete-me dó ver ali espeçado, cabisbaixo, disfarçado de

Mindelo is on fire!

At Café Rêgo's bica, homage to a deserter, fatally stricken by fractional indigestion

A miniature sun sinks into our chests one Mindelo afternoon, the same as so many others. The conditioned air of my nostrils, rebelious and cosmopolitan, suddenly invades the tiny universe of a stupid pang of nostalgia. I see it there, stamped on the dirty glass of the cupboard, among the rice cakes, bottles of orange Squash and American cigarettes.

As I meditate on the undersea fate of my bored, cursed bones and a insidious, old-fashioned fan burns up the oxygen we have left to digest a pustulent, magical stew, I wink at an imaginary young woman, brownish, cornstarch legs and thighs, her cheeks rosy, stupendously well nourished. She answers with a smile on her plump lips and tells me, indifferent to the warm silence of Rua Lisboa:

"Look, my dear, what do you want me to tell you?! I love you with the love of a whored-out whale. I love the summer of your greasy, curly hair?!"

Then she laughs. As if it were Ofelia's playful Saturday night. And in the same tone of mockery, continues:

"But listen here, my brave one, my provincial stoplight, do you or don't you want to clean your skin of those haughty warts, drinking a glass of my strong blood, red and blessed?!"

I was obligated to improvise a response:

"Yes, my beautiful statue of honey, every afternoon I tend to find, at the amarante headquarters, a clean spring gushing flush mouthfuls of bubbly, as if, by chance, the coconut palms of my sadness could bend, romantically, over the sallow sea of our forsaken lives. It pains me to see him standing there, crestfallen, disguised as a plainclothes

polícia à paisana. um jovem bonitão, reconhecido como eficaz e acessível amante para senhoras com precisão de inferno e sonhos.

O Porto Grande parecia estar de traje domingueiro. Encostado a uma cadeira de lona, devaneia venturas, deleita-se com o tempo em que poderá brincar com guindastes anfíbios ou engolir, gulosamente, pedaços frescos de tubarão comunitário. Sua cara azul justifica a imagem de uma montanha vermelha que atravessa diametralmente a cintura da ilha.

A um inquérito feito recentemente por respeitáveis senhoras do C.A.B.D. ("Clube dos Amigos dos Bichos Desalinhados") o patrão incontestado do burgo mindelense — continuamos a falar do Porto Grande — respondia, assim, à pergunta "Concorda com a jovem portaria sobre a limitação da importação de afrodisíacos?":

— Pobre senhora! Nunca tinha reparado na minha inocente extravagância? Tenho que lhe dizer que me senti obrigado, há pouco tempo, a comprar e a ler o livro "Beijar e amar sem mestre". Sou deveras uma criatura ingénua. Acredito sempre na palavra daqueles que me visitam, seja qual for a hora do dia em que me veja presenteado como encanto, as gozosas secreções ou os juramentos de amor dos casais desta ilha bendita.

Depois, encolheu os ombros, fez um estranho trejeito com as sobrancelhas e desatou às gargalhadas.

Naturalmente, uma tal cena mereceu uma das mais reputadas damas da cidade o mais veemente repúdio, numa cerimónia solene e pública organizada, dias depois, na Biblioteca Municipal:

— Imaginem, queridas amigas e sócias, o atrevimento sem par e a irreverência desse incurável romântico! Abram bem os ouvidos! E descrevia. com minúcia de fazer arrepiar, as palavras proferidas pelo gigante oceânico.

— Proponho solenemente e responsavelmente (as palmas interromperam aqui a sequência do discurso) ...repito, proponho, com responsabilidade, que, por aclamação, seja aprovada a alteração do nome dele para "Largo dos Mártires da Reconstrução Nacional".

policeman, a handsome young man, recognized as an effective and accessible lover for ladies in need of hell and dreams."

Porto Grande appeared to be dressed in its Sunday best. Leaning back in a sling chair, he daydreams about adventures, reveling in the time when he could play with amphibious cranes or swallow, greedily, fresh chunks of the people's shark. His blue face justifies the image of a red mountain that diametrically spans the island's waist.

To a survey recently conducted by the respectable ladies of the S.A.L.C. ("Scruffy Animal Lovers Club"), the uncontested boss of the borough of Mindelo–we're still speaking of Porto Grande–responded thus to the question "Do you agree with the fresh ordinance limiting the importation of aphrodisiacs?":

"Poor lady! Had you never noticed my innocent extravagance? I have to tell you that I felt obliged, not long ago, to buy and to read the book Kissing and Loving without a Teacher. I am indeed a naive creature. I always trust the word of those who visit me, whatever time of day I see myself presented with this blessed island's charm, joyful secretions, or oaths of love."

Then he shrugged his shoulders, made a strange frown with his eyebrows, and burst into laughter.

Naturally, such a scene deserved the most vehement repudiation from one of the city's most reputable ladies, in a solemn public ceremony organized the following day at the Municipal Library:

"Imagine, dear friends and colleagues, the unmatched audacity and irreverence of this incurable romantic! Open up your ears! And she described, in chilling detail, the words pronounced by the oceanic giant.

"I solemnly and responsibly propose (here the palms interrupted the order of the speech)... I repeat, I propose, responsibly, that, by acclamation, the change of its name to "Martyrs of National Reconstruction Square."

A proposta recebeu prontamente os aplausos prolongados e vibrantes das conferencistas. Uma semana depois, uma placa nova e atraente era colocada, com o aparato que tão importante acto exigia, perto da avenida marginal. Muito povo, muito entusiasmo, muita militância, a rádio, compre na casa confiança, um outro discurso magistral, as máquina que as donas de casa preferem, viva o chalana. Pescadores enfeitados e enquadrados acenavam com bandeirinhas de cetim, em sinal de inequívoca solidariedade com as medidas tomadas pelas mulheres da cidade. Enfim, sem dúvida um castigo exemplar para tamanha falta de consideração para com os valores mais sagrados da comunidade.

Porém, à noite, uma noite de poeira e de lua trocista, no Alto de S.Nicolau, um conhecido delinquente, bêbado incorrigível, protestava, solitário, em voz alta, contra o que considerava, certamente por despeito e ausência de sentido de Estado, abuso de autoridade. Naturalmente, fora detido umas horas depois.

Numa madrugada de adultérios sem paralelo nos últimos cinquenta anos, a maré revolta, numa demonstração esquisita de rebeldia e descontentamento, transeuntes anónimos, talvez estrangeiros desembarcados clandestinamente, mudos, um pouco inibidos a princípio, ruminava gestos de desaprovação e de aversão à aclamação havida na Biblioteca Municipal. Pareciam fantasmas, de cores muitas e vistosas, a marchar pelo ventre da cidade, com dísticos enormes e a brandir lanças e frechas pontiagudas e venenosas.

Veio a saber-se que, afinal, protestavam contra historiazinhas de embalar para meninos disformes, a mente carcomida de monstros adestrados, asmáticos e destinados a um asilo psiquiátrico.

Na véspera da despedida para a morte decretada, o Porto Grande, senhor de sua gigantesca dor e de sua bondade infinita, abraçava os corações atingidos pela desgraça e adormecia acariciado pelo vento e pelo silêncio.

The proposal promptly received prolonged applause from the conference participants. One week later, an attractive new sign was placed, with the apparatus that such an important act required, near the boardwalk. A lot of people, a lot of enthusiasm, a lot of militancy, the radio, shop at Casa Confiança, another masterful speech, the machines preferred by housewives, long live Chalana. Framed and decorated fishermen nodded at the measures taken by the city's women. Finally, without doubt, an exemplary punishment for such a lack of consideration for the community's most sacred values.

However, on that dusty night with its mocking moon, in Alto de S. Nicolau, a well-known delinquent, incorrigible drunk, protested, alone, aloud, against what he considered, surely out of spite and lack of statesmanship, an abuse of authority. Naturally, he was detained a few hours later.

On a dawn of adulteries unparalleled in the last fifty years, the rising tide, in a strange display of rebellion and discontent, anonymous passersby, perhaps foreigners who had clandestinely disembarked, mute, a little inhibited at the beginning, ruminated on gestures of disapproval and of aversion to the acclamation held at the Municipal Library. They resembled ghosts, many-colored and showy, marching through the belly of the city, with enormous posters and brandishing spears and sharp-tipped, poisoned arrows.

It turned out that, in the end, they were protesting against bedtime stories for deformed children, mind eaten away by trained monsters, asthmatic and destined to a psychiatric asylum.

On the eve of his farewell before his decreed death, Porto Grande, lord of its gigantic pain and of its infinite goodness, embraced the hearts stricken by misfortune and fell asleep caressed by the wind and by the silence.

Foi-se O mário. Uma carta, esta?! Mas não se pense que, neste momento, navego em gin tónico!

Agarra-se-me
a noite
a medalhões de silêncio
e à vida de queijos slogans e calendários panilas.
não sei porquê
se haviam de lembrar hoje de ti
o telejornal a rádio comercial
se os 57 anos desejaram apenas
a irreverência a cerveja e a careca idolatrada

e se os ossos respiram docemente
pó catálogos amores mijados
uma pulga inadimplente
às vezes atrevida malandrota!

Oh! leiria
Oh! henrique
soubera bem enterrar previamente
a poeira a literatura
na gaveta megalómana
onde amanhã
terás
tem calma, pá!
uma grade só para ti.

tivesses adivinhado esta loucura
de querer ser touro sem ser crítico
de abastardar sonhos sem gin sem tónico

**Mário's gone. A letter, this?! But don't
think that, at this moment, i'm sailing on gin and tonic!**

The night
the medallions of silence
cling to me
and to the life of cheeses slogans and faggy calendars.
i don't know why
they had to remember you today
the TV news the commercial radio
if the 57 years only wanted
irreverence beer and the idolized bald one

and if the bones breathe sweetly
dust brochures pissed-on loves
a delinquent flea
sometimes daring rascal!

Oh! leiria
Oh! henrique
it tasted good to bury beforehand
the dust the literature
in the megalomaniac drawer
where tomorrow
you will have
relax, man!
a crate just for you.

had you guessed this madness
of wanting to be a bull without being a critic
of bastardizing dreams without gin without tonic

e
nesta noite
escangalhavas-te a rir
deste anónimo panfletário
pirómano
que em tua memória
decidiu

imagina!
suicidar-se
na amadora
depois de amanhã
às cinco e meia da tarde.

    Olha, Mário, acho que é demasiado foleiro ficares aí a pensar em Lisboa, sobretudo naqueles pássaros com icterícia.

and
this night
you broke out laughing
at this anonymous pamphleteer
pyromaniac
that in your memory
decided

imagine!
to commit suicide
in amadora
the day after tomorrow
at half past five in the afternoon.

Look, Mário, I think that it's too tacky to stay there thinking about Lisbon, especially about those jaundiced birds.

Telegrama

Destinatário: uma gueixa alva, suicida e trapaceira

Texto: na colina de um olhar de fogo
não me lembro bem
se um negro sol vira
ou um corvo enfeitiçado.
Assobiei de imediato à lua
que solícita
telegrafou a Vénus:

faleceu há cinco meses um sorriso enlatado stop presentes a madrugada e o silêncio stop mesmo morto e enterrado com flores mil é merecedor do mais aguçado ódio dos homens stop que uma marcha fúnebre acompanhe essa embalagem até à última morada stop beijos

Remetente: Amor

Telegram

Recipient: a deceptive, suicidal, dawnlike geisha

Text: on the hill of a fiery gaze
i don't remember well
if a black sun I had seen
or an infatuated raven.
I immediately whistled at the moon
which solicitously
telegraphed Venus:

a tinned grin passed away five months ago stop present early morning and silence stop itself dead and buried with a thousand flowers and worthy of the sharpest hate of mankind stop may a funerary march accompany that package until its final dwelling place stop kisses

Remittent: Love

Anúncio (oferta de mulher), melhor:
borrão de mulher

A mulher não é propriamente nossa. É importada. Mas diz-se que é linda, morena, as saliências estrumadas a pão-de-leite, a cara abolachada, como a velha palmatória de meninazidória. É do norte e pesa cerca de 60 quilos, mas poderá chegar aos 190. Come com as mãos, os olhos e as nádegas, e também se diz que tem capacidade para 17 orgasmos diários e quase instantâneos. O marido, crê-se ser comissário da polícia.

Compraram-na algures em Espanha, num dia de mazapáns tresloucados. Afinal, tratava-se de um gato sonâmbulo e hermafrodito, os sovacos e as partes pudendas atapetados e povoados de minúsculas bolhas de açúcar e esperma.

Levem-na! Dispam-na e açoitem-na e, depois, depositem-na no vão de escada de uma padaria! Não procurem resistir a seus encantos. É que — diz quem a conheceu de perto — ela é toda azul-e-branco, aveludada e enleante durante a noite. Uma sereia atacada por sarampo luminoso, e, de vez em quando, por fezes perfumadas. Apesar de ser, de dia, o que vos conto.

Se quiserem saber mais qualquer coisa da criatura, olhem para a outra. A outra, sim! A sanguessuga idolatrada, aquela que tem vinte e dois anos de dedicação absoluta à impostura palafreneira. Não estão a ver?! A embaixatriz que sempre se vendeu, a poltrona mulher engalanada, a também insaciável curandeira do verbo e trapaceira da balança.

Façam-na escarrar urinóis inteiros ou engolir, sem pestanejar, crânios de tartaruga menstruada! Não tenham piedade ou qualquer sentimento do tipo de quem perscruta nas nuvens.

Se necessário iremos contratar o camarada S.C., que não tem problemas desse género, é bom para todos. vai dizer para a rádio, a televisão e os jornais. Ele que a obrigue a recitar, dez vezes ao dia,

Advertisement (woman on offer), rather:
a draft of a woman

The woman isn't really ours. She's imported. But it is said that she is beautiful, dark-skinned, her protrusions fertilized with pão-de-leite, her face puffy, like meninazidória's old paddle. She's from the north and weighs around 60 kilos, but she could reach 190. She eats with her hands, her eyes, and her buttocks, and it is also said that she has the capacity for 17 daily and nearly instantaneous orgasms. Her husband is believed to be a police commissioner.

They bought her in Spain, on a day of mad mazapáns. After all, she was a sleeping, hermaphroditic cat, her armpits and privates carpeted and populated with miniscule bubbles of sugar and sperm.

Take her! Strip her and flog her and, then, deposit her in the stairwell of a bakery! Don't try to resist her charms. It's just that–those who know her well say–she's all blue-and-white, velvety and bewitching by night. A mermaid afflicted by luminous measles, and, from time to time, by perfumed feces. Despite being, by day, just as I'm telling you.

If you want to know anything else about the creature, just look at the other. Yes, the other! The idolized bloodsucker, the one with twenty-two years of absolute dedication to the bridal sham. Can't you see?! The ambassador's wife who has always sold herself, the dressed-up woman armchair, the likewise insatiable verbal shaman and cheater of scales.

Make her spit out entire urinals or swallow, blinking, the skulls of menstruating turtles! Have no pity or any of the feelings that a person who peers into the clouds might have!

If necessary, we will hire Comrade S.C., who has no such problems, it's good for everyone, he will say on the radio, on television, and in the newspapers. He who obligates her to recite, ten times per day–before this offer is in effect, of course: "L'acte

naturalrnente antes da efectivação da oferta: "L'acte d'amour et l'acte de poèsie sont incompatibles avec la lecture du journal à haute voix".

Não resistam, insistimos! Levem-na de borla, a miserável, a cachopa volatilizada, a endiabrada, a bailarina ornamentada com sapos de carne e osso!

Assina: Rimbaud mascarado, às vezes, de Heidegger, outras vezes, de Rosário.

d'amour et l'acte de poèsie sont incompatibles avec la lecture du journal à haute voix."

Don't resist, we insist! Take her for free, the wretch, the volatile gal, the bedeviled one, the ballerina adorned with flesh-and-blood frogs!

Signed: Rimbaud masked, sometimes as Heidegger, sometimes as Rosário.

Um touro esquisito e normalizado

Um touro de gravata, anafado,
focinho alucinado e corpanzil tingido de verde,
foi encontrado, ofegante, recostado em almofada traseira
de carro vistoso.
Não é o touro onírico,
não é o touro cambaleante
(Dele nunca falaram Antonin ou Prévert).
É o touro que sempre desejou sê-lo,
o touro de si mesmo,
incapaz de tourar,
seu cérebro embotado cospe
mapas poeirentos e contas engorduradas.

Um touro normalizado, esquisitíssimo,
cheiro a suíno e a ruminar de batráquios,
perdeu-se, disse o repórter, nos corredores de um palácio.

Não é o touro ingénuo que vagueia, romântico,
em S.Francisco,
não é o touro bravo que faz as delícias da poesia.
É o que se denuncia em bravata epistolar,
não porque tem vergonha ou medo de o ser,
mas porque quer punição para quem
lhe concede o chifrudo estatuto.

Um touro sempre encapelado,
pêlos eriçados, frouxa a respiração,
não é touruno mas toureado,
foi encontrado sentado à secretária,
pernas cruzadas e pensativo,

An aberrant, standardized bull

A bull in a necktie, bloated,
frenzied snout and body tinged green,
was found, wheezing, leaning into the back seat
of a flashy car.
He's not the oneiric bull,
he's not the staggering bull
(Antonin or Prévert will never speak of him).
He's the bull who always wanted to be it,
the bull of himself,
not fit for the bullring,
his blunted brain sputters
dusty maps and greasy bills.

A standardized bull, so aberrant,
scent of swine and batrachian rumination,
got lost, said the reporter, in the palace hallways.

He's not the ingenuous bull that wanders, romantic,
in S.Francisco,
he's not the furious bull that delights in poetry.
He's the one who denounces himself in epistolary rants,
not because he's ashamed or scared of his being,
but because he desires punishment for those
who grant him his cuckolded status.

A bull always stormy,
hairs bristled, breathing sluggish,
no stud, the cuckold,
was found seated at the secretary,
legs crossed, pensive,

seus olhos cifrados
vomitando sílabas de mica e praias de fogo.

Não é o touro incauto, não é o touro comediante,
é o touro anémico e castrado,
que se nutre de orgasmos inimigos
e se deleita na vénia de pecados alheios.
O nosso touro refrigerado e aposentado,
não tanto marrão quanto marralheiro,
vive, qual lambareiro,
resfolegado em gostosa palha
e a escoucear fantasmas de antanho.

Imaginem
que há quem
tenha baptizado
de padreca e achavascado embaixador.

his encrypted eyes
vomiting mica syllables and beaches of fire.

He's not the reckless bull, he's not the comedian bull,
he's the anemic, castrated bull,
who nourishes himself with enemy orgasms
and delights in reverence for others' sins.
Our refrigerated and retired bull,
not so much charging as lethargic,
lives, esurient,
snorting in pleasant hay
and the kicking of yesteryear's ghosts.

Imagine
there's someone
who baptized him
a priestling and brutish ambassador.

Porcos em delírio

Os porcos estão em festa. Desfilam pelas achadas, ruas e becos da cidade, orquestras afinadas, tambores e trombetas em desafio, no meio de um ensurdecedor barulho causado pelo estalar de foguetes e o grunhir sintonizado dos manifestantes em delírio.

Cartazes gigantescos e coloridos, uns transportados pelos porcos em fila, outros colados nas paredes retocadas das lojas e repartições, fazem realçar o brilho e a cor que, desde o início, os organizadores quiseram emprestar (uma palavra que, inaugurada por um estranho à comunidade paquidérmica, cedo passou a ser utilizada pelos porcos da cidade) ao evento. Repórteres da rádio porcina, eles também devidamente ornamentados com fitas e pinturas faciais, chamaram-no "verdadeira odisseia libertária da porcalhada indígena". Nunca se vira coisa igual — garantiam esses nossos patriotas ao serviço da informação.

Os mais indefectíveis, ou, então, aqueles que outrora vitoriaram com o mesmo fervor os antecessores da porcaria vigente, acenavam das varandas bandeirinhas de papel ou nelas dependuravam colchas americanas cheias de fantasias e faziam esvoaçar beijos dirigidos aos porcageiros mais destacados. Camisolas, pandeiretas, cachecóis, bonés, coletes e colares, apitos, serpentinas, até soutiens e cuecas, sempre em sintonia com a cor vitoriosa, tinham sido, com uma antecedência demonstrativa de uma organização exemplar e de uma militância quase fanática, distribuídos aos manifestantes.

Três horas durou o percurso até à concentração na Pocilga da Amizade (antigo Largo Principal). Aglomerados em volta de um palanque para o efeito instalado no local, a multidão escutou, embevecida e num silêncio apenas interrompido de vez em quando por grunhidos em uníssono ou por um indecifrável frémito, a mensagem de esperança transmitida pelo chefe — um espécimen céltico, rechonchudo e peganhento —, num tom marcado por um patriotismo enérgico e um apego sem limites à lama e ao estrume.

Pigs in delirium

The pigs are partying. They parade down the promenades, streets, and alleys of the city, well-tuned orchestras, defiant drums trumpets, in the middle of a deafening noise caused by the crackling of fireworks and the delirious demonstrators' tuned grunting.

Gigantic, colorful posters, some carried by the lined-up pigs, others pasted on the retouched walls of the stores and offices, highlight the brightness and color that, since the beginning, the organizers wanted to lend (a word that, inaugurated by a stranger to the pachydermic community, soon began to be used by the city's pigs) to the event. Porcine radio reporters, themselves duly adorned with ribbons and face paint, called it a "true liberating odyssey of indigenous piggishness." Nothing like it had ever been seen before - these patriots of ours in the service of information assured us.

The most indefectible, or, then, those who once victorious over the prevailing filth with the same fervor, waved paper flags from their balconies or hung American quilts full of costumes on them and sent kisses flying to the most prominent piggers. T-shirts, tambourines, scarves, caps, vests and necklaces, whistles, serpentines, even bras and underpants, always in tune with the victorious color, had been distributed to the demonstrators beforehand, demonstrating exemplary organization and almost fanatical militancy.

Three hours lasted the route until the concentration in the Pocilga da Amizade (formerly the Largo Principal). Clustered around a platform set up for the purpose on the spot, the crowd listened, enraptured and in a silence only interrupted from time to time by grunts in unison or by an indecipherable thrill, the message of hope conveyed by the chief—a plump, Celtic specimen and sticky—in a tone marked by energetic patriotism and a boundless attachment to mud and dung.

Ouçam, a título indicativo, este bocado:

"A nossa comunidade comemora hoje o primeiro aniversário do fim do bloqueio e o início de uma vida liberdade. Temos connosco a esmagadora maioria dos portadores municipais da banha, do toucinho, da focinhada e dos patrocinadores da imundície local. Com eles construiremos sem contemplaçãoes, sem hesitações ou complexos de qualquer espécie, a grande Comunidade Porcina Municipal (C.P.M.). Não há rumor de cascos que faça abandonar o nosso desígnio municipal! Deixem-nos falar, berrar, escrever nos jornais, que o nosso reino está para ficar... até quando me quiserem! São vocês, meus queridos companheiros do lodaçal e da merda, quem decide sobre o nosso e o meu futuro. Ninguém mais! Estejam atentos às manobras e intrigas da bicharada inimiga! Nada nos intimidará, e, com fé em Deus e a ajuda vossa permanente, cobrimos o município porcino de azul e branco e baniremos de vez os contratados com o demónio e os amantes do purgatório".

No final, uma onda de histeria porcina invade o antigo Largo Principal, com o nome de Porco-mor a ser objeto de uma adulação inimaginável e enternecedora. Porco-espim! Porco-espim! Porco-espim! — assim eram os grunhidos infernais que continuaram pela madrugada dentro, com a ajuda, sem dúvida, da imensa e bem ensopada farelada que, gratuitamente, fora oferecida pelo comércio local.

E nem se poderia dizer, a bem da verdade, que a multidão era apenas constituída por poralhos — como insinuaram os mal intencionados —, vendo-se muitos e bons varrascos e outros mamíferos crescidotes, de ambos os sexos.

Também apenas por despeito se poderia dizer, como procurou fazer crer a minúscula e estulta oposição suína, que as manifestações de alegria, as comemorações, os comunicados e a permanente invocação de glórias eram desajustados ou exagerados.

Havia razões para isso. Os porcos ganharam todos as batalhas em que se envolveram, publicaram editais, fizeram posturas, decretos e

Listen, by way of illustration, to this bit:

"Today our community commemorates the first anniversary of the end of the blockade and the beginning of a life of freedom. We have with us the overwhelming majority of municipal carriers of lard, bacon, muzzle and sponsors of local filth. With them we will build, without further contemplation, without hesitation or complexes of any kind, the great Municipal Porcine Community (MPC). There is no sound of hooves that could make us abandon our municipal plans! Let us talk, shout, write in the newspapers, that our kingdom is here to stay... for as long as you want me! It is you, my dear companions in the mud and shit, who decide, about our future and mine. No one else! Stay alert to the maneuvering and intrigues of enemy beasts! Nothing will intimidate us, and, with faith in God and your ongoing help, we will cover the porcine municipality in blue and white and banish once and for all those hired by the devil and lovers of purgatory."

At the end, a wave of porcine hysteria invades the former Largo Principal, with the name Major Pork the object of unimaginable, moving adulation. Porcupine! Porcupine! Porcupine!—such were the infernal grunts that continued into the early hours of the morning, with the help, no doubt, of the immense, well-soaked slop provided free of charge by the local business.

And it couldn't even be said, to tell the truth, that the crowd was made up of just pigs—as the ill-intentioned insinuated—seeing many fine boars and other large mammals of both sexes.

Also only out of spite could it be said, as the miniscule and foolish swine opposition tried to convince, that the demonstrations of joy, the celebrations commemorations, the announcements and the permanent invocation of glory were inappropriate or exaggerated.

There were reasons for it. The pigs won every battle they were involved in, published editorials, issued stances, decrees, and ordinances, and, supreme happiness, completely changed the habits,

portarias, e, felicidade suprema, mudaram completamente os hábitos, os símbolos, os comportamentos e a designação dos currais e pocilgas do município.

Os porcos estão em liberdade.

Grunhem com uma elegância inusitada, pêlos escovados a preceito e a dicção amenizada. Já não há leitões, há bácoros, quando muito porcalhos. Ninguém fala mais em suínos, tendo sido interdito o uso de tal palavra em folha oficial recentíssima. Aliás, como desde logo acontecera com os currais. A nova situação impôs designações mais modernas e civilizadas, mais próprias do estado de liberdade entretanto conquistado. Vejam só: **artiodácticos, porqueiras**.

Os nomes de baptismo dos arautos e fautores da nova ordem porcina tinham sido alterados. Para só citar alguns dos maiorais: o José passa a porco-da-índia, o Luís a porco-montês, a Maria a porca-domar, o António a porco-pisco, o Manuel a porco-sujo, o Paulo a porco-bravo e a Hirondina a porca-veado.

O comportamento naturalmente mudou. Os porcos exigiam lama e merda diferentes. O focinho democratizado já não suportaria ambiente tão sufocante. Assim, um projecto de extensão e modernização porcinas (P.E.M.P.) contempla a restauração de lamaçais já existentes, mas em perigo de endurecimento, a abertura de novas frentes, isenções e outros incentivos fiscais e aduaneiros para a reprodução de espécies novas — a competente portaria definiu um quadro tipificado: apenas as raças normanda, Yorkshire e Bershire são contemplados —, a actualização da toponímia, quer dos currais, aliás, porqueiras, quer da porcada, e, finalmente, um programa de combata ao flagelo da peste porcina, do carbúnculo e da ladrária.

Com o tempo — e os porcos reinaram por mais de trinta e cinco anos — Porco-espim envelhecera, dissolvera a Assembleia Porcina, abandonara à sua sorte os verrascos e governava com os porcalhos e os seus cada vez mais constantes pesadelos. O símbolo da cidade — um toucinho grosso, peludo e reluzente — trocara-o por um focinho

symbols, behaviors, and designation of the municipality's corrals and pigsties.

The pigs are free.

They grunt with an unusual elegance, their hair brushed to perfection and their diction softened. There are no longer sucklings, there are porkers, piglets at most. No one speaks more of swine, the use of such a word having been banned on a very recent official sheet. In fact, as had already happened with the corrals. The new situation imposed more modern and civilized designations, more appropriate to the state of freedom that had been achieved in the meantime. See: **artiodactyls, porcines.**

The baptismal names of the heralds and promoters of the new porcine order had been altered. To cite but a few of the biggest ones: José becomes guinea-pig, Luís mountain-pig, Maria sea-sow, António robin-pig, Manuel dirty-pig, Paulo wild-pig, and Hirondina deer-sow.

Behavior naturally changed. The pigs demanded different mud and shit. The democratized snout could no longer stand such suffocating environs. So, a Porcine Extension and Modernization Project (P.E.M.P.) encompasses the restoration of existing mudflats in danger of hardening, the opening of new fronts, exemptions and other tax and customs incentives for the reproduction of new species–the competent ordinance defined a typified framework: only the Norman, Yorkshire and Bershire breeds are included–the updating of the toponym, both of the corrals, in fact, pig pens, and of the piggery, and, finally, a program to combat the scourge of swine fever, carbuncle, and theft.

With time—the pigs reigned for more than thirty-five years—Porcupine had grown old, dissolved the Porcine Assembly, abandoned the executioners to their fate, and ruled with the piglets and his increasingly constant nightmares. The symbol of the city—a thick slab of bacon, hairy and shiny—had traded it for a solitary

solitário e enfiado no meio de nuvens multicores. Passara a dormir as tardes e as noites, sempre na companhia de anafadas e desleixadas porcas, e, com isso, abandalhara completamente os negócios da C.P.M. Os amigos, enxotava-os, e eles a odiá-lo passaram. Mas um ódio também ele dorminhoco, desenxabido e inoperante.

Enlouqueceu, depois. Apanha uma febre de leilões. Começa a leiloar tudo: porqueiras, ouro, farelos, as armas da C.P.M. Por fim, os varrões e os bácoros mais tontos.

Era vê-lo, durante o dia, desarrumado e combalido, a vaguear pelo território municipal, a praguejar a torto e a direito, a grunhir sem maneiras. Comia salmonetes e bebia chicória importada do reino vizinho. Chicória envenenada, veio a saber-se mais tarde. O cúmulo da loucura atingiu-o quando, imaginem!, começou a ler em voz alta René Char: "Os surrealistas assaltam um bar — Bailarinos 'mundanos' de pijama tentam resistir", e colocou, à entrada da porqueira-principal, uma fotografia imaginária de Lautréamont.

A princípio, ainda houve algum pestanejar por parte de opositores. Pouco a pouco, porém, o hábito ganhara raízes. Apesar da míngua de água, milho, folhas e outros víveres, os porcos pareciam viver felizes com a desgraça. Dormiam, fornicavam, respiravam o ar comum, repleto de oxigénio e bicharocos inofensivos, escutavam, anestesiados e apalermados, a rádio porcina, muita música e conversa. Enfim, compraziam-se na fatalidade de um destino feito de servidão, arroto fácil, sexo pregado na testa e um langor tresmalhado.

A C.P.M. entrou num estado de relaxamento geral. Relaxamento em liberdade. Até que, numa noite de chuva grossa e abundante, uma matilha da vizinhança decide entrar pelas fronteiras abertas do território porcino e ocupá-lo. Sem qualquer resistência dos porcos. O focinho peludo foi arriado e hasteado foi um pano tosco, borrado de amarelo e laranja e com um osso desenhado ao centro.

Foi proclamada, de imediato, e com latidos prolongados, a República Digitígrada Democrática (R.D.D.). Um cão robusto, um

snout stuck in the middle of colorful clouds. He had started sleeping afternoons and nights, always in the company of bloated, slovenly sows, and, as a result, he had completely ruined the MPC's business. He brushed his friends aside, and they came to hate him. But with a hatred that is also sleepy, dull, and defective.

Then, he went crazy. He caught auction fever. He began to auction off everything: porqueiras, gold, crumbs, the MPC's weapons. Finally, the dumbest boars and bácoros.

It meant seeing him, during the day, disheveled and frazzled, wandering around the municipal territory, swearing left and right, grunting rudely. He ate mullet and drank chicory imported from the neighboring kingdom. Poisoned chicory, it came to be known later. The height of madness reached him when–just imagine it!–he began to read aloud René Char: "The Surrealists rob a bar—'worldly' dancers in pajamas try to resist," and he placed, at the entrance to the main porquiera, an imaginary photograph of Lautréamont.

At first, there was still some hesitation on the part of his opponents. Little by little, however, the habit took root. Despite the lack of water, corn, leaves, and other victuals, the pigs seemed to live happily with their misfortune. They slept, fornicated, breathed the common air, filled with oxygen and inoffensive little creatures, listened, numb and dumb, to porcine radio, lots of music and conversation. In short, they enjoyed the inevitability of a destiny made up of servitude, easy belching, sex stuck to their foreheads, and scattered languor.

The MPC entered a state of general relaxation. Relaxation in freedom. Until, on a night of thick and abundant rain, a pack from the vicinity decides to cross over the open borders of the porcine territory and occupy it. Without any resistance whatsoever from the pigs. The hairy snout was lowered and raised in its place was a coarse rag, smeared with yellow and orange and with a bone drawn on its center.

The Digitigrade Democratic Republic (DDR) was proclaimed, immediately, and with prolonged yapping. A robust dog, a Braque, an

braque, farejador exímio e caçador destemido, foi eleito chefe máximo. Não foram feitos prisioneiros. Porco-espim, cada vez mais atordoado e praticamente alcoolizado, com ataques repetidos de diarreia, nos intervalos do sono e das mazelas continuava a praguejar e a declamar. Nos dias da substituição das porqueiras por canis (ao fim e ao cabo, apenas a troca de placas e de nomes), estava obcecado com "Sei os teus seios/Sei-os de cor", que vomitava a eito.

Nem se deu conta que tinha sido eleito cidadão honorário da nova república. Morreu bêbado, louco, e apanhado pela poesia.

Um autêntico canifraz. No funeral apenas se viam cadelas e cães, incluindo representantes oficiais da R.D.D.

Os porcos (os que restavam) ainda dormiam. Em liberdade.

excellent sniffer and fearless hunter, was elected leader in chief. No prisoners were taken. Porcupine, increasingly dazed and practically drunk, with repeated bouts of diarrhea, continued to swear and declaim in the intervals between sleep and illnesses. On the days the pig pens were replaced by kennels (at the end of the day, just a switching out of signs and names), he was obsessed with "I know your breasts/I know them by heart," which he vomited incessantly.

He didn't even realize that he had been elected an honorary citizen of the new republic. He died drunk, mad, in the grips of poetry.

Truly a starving mutt. At the funeral only bitches and dogs were seen, including official representatives from the DDR.

The pigs (those that were left) were still asleep. Free.

Descrição cadastral de um país (Cabo Verde), uma cidade (Praia) e uma rua (Salabandêra) no ano de 2035

Um país sem castiçais
sem ogivas nucleares
abriga elegantes proboscídeos e
um ventre aberto
sempre aberto
para caminhantes à procura de divinas anfractuosidades.
(Um país epicúrio: seus dicionários desconhecem a palavra
Iangor)

Uma cidade onde não habitam crisântemos
onde não vegetam cérebros com palavras e-mailizadas
santifica-se no genérico todos diferentes todos iguais,
na mortificação de pensamentos musculados
e de orgasmos nutridos a puro sangue
e a um imaginoso e sempre celebrado réptil.
Não desafia a morte para uma inútil partida de xadrez.
Borra-lhe, sim, amiúde, a cara com eflúvio creme vulvar.
(Uma cidade subterrânea e luxuriante)

Uma rua (no fundo, a verdadeira rua da capital)
que não recebe visitas de nobres ou de tolos.
Nela dormitam profetas do louro
e esvoaçam marcegos da pinga e da linguiça.
(uma rua de Iene e deleite)

Cadastral survey of a country (Cabo Verde), a city (Praia) and a street (Salabandêra) in the year 2035

A country without candlesticks
without nuclear warheads
shelters elegant proboscidea and
a womb open
always open
for travelers seeking divine anfractuosities.
(An epicurean country: its dictionaries don't include the word languor)

A city where chrysanthemums don't live
where brains don't grow with emailed words
is sanctified by the generic all different all equal,
in the mortification of muscle-bound thoughts
and of orgasms nurtured on all blood
and on an ingenious and unfailingly celebrated reptile.
It doesn't defy death for a pointless game of chess.
Daub—yes, often—its face with pungent vulvar cream.
(A subterranean, luxuriant city)

A street (at heart, the capital's true street)
that doesn't receive visits by nobles or fools.
The prophets of the laurel tree sleep on it
and bats of booze and sausage flit about.
(a street of milk and delight)

Declaração

cópia

Declaro nulos e de nenhum efeito os poemas do tipo que, mais à frente, poderão farejar e que, eventualmente, poderão encharcar de lágrimas os vossos olhos incautos.

Pelo seu carácter verdadeiramente, ainda que inocentemente, imoral, lisonjeiro, desenxabido, conquanto contagiados pela Verdade (única e medíocre cabeça colectivizável), passarão a constar como peças de um frigorífico envelhecido, onde também se acocorarão todas as notas, todas as memórias gastas pela aderência emocional e vertical à paixão e à nostalgia espontâneas destinadas, pois, ao esgoto.

Pelo que, excepcionalmente, os damos a conhecer a todos quantos, sobre o amor, vêm emitindo parecer condenatório e concludente, esquecendo-se, porém, imperdoavelmente, que acima de qualquer juízo, preconceito ou sentença prematuros falseadores e beatos, o lirismo invadirá, silencioso e gotejante, o leito, o sexo roto e os sonhos de todos, e, implacável, chicoteará as consciências roxas, o tacanho orgasmo e a mania do adjectivo possessivo.

está conforme ao original
assinatura ilegível sobre
vinte e um escudos e sessenta
centavos em estampilhas fiscais

A bem da Nação

Declaration

copy

I declare null and void poems of the type that, further ahead, you might smell and that, eventually, might bring tears to your unwary eyes.

By their character truly, though innocently, immoral, fawning, platitudinous, though infected with the Truth (sole and mediocre collectivizable head), will appear as parts of an aged refrigerator, where all the notes will squat, all the memories, exhausted by the emotional and vertical adherence to spontaneous passion and nostalgia, destined, thus, to the sewer.

Therefore, exceptionally, we make known all those, in regards to love, have been issuing a damning and conclusive opinion, forgetting, however, unforgivably, that beyond any judgment, prejudice, or sentence premature, falsifiers and beatific, lyricism will invade, silent and dripping, the bed, broken sex and dreams of all, and, relentless, will whip purple consciences, the narrow-minded orgasm and the mania for the possessive adjective.

this conforms to the original
signature illegible over
twenty-one escudos and sixty
cents in tax stamps

For the good of the Nation

*"POLITICAMENTE A METACIÊNCIA
AO PRONUNCIAR-SE DIRÁ QUE A VERDADEIRA
DEMOCRACIA SÓ SERÁ
POSSÍVEL QUANDO TODOS OS HOMENS
FOREM POETAS"*

(António Maria Lisbo)

1975-1978

"POLITICALLY, METASCIENCE,
UPON BEING DECLARED, WILL SAY THAT TRUE
DEMOCRACY WILL ONLY BE
POSSIBLE WHEN ALL MEN
ARE POETS"

(António Maria Lisboa)

1975-1978

Poema electrónico

Adoro-te
nuvem cega de pó
nas entrelinhas
de uma fumaça loura e asfixiante
depois da tempestade de cio.

Que cheiro a fedor
e a amor
ébrias mamas
tuas
que ficam minhas
uma boca de veludo
e de repente
um cavalo branco
como nos tempos de meninice
parece a flor quente temperada no estrume.

Papéis jornais panfletos convocando greves
era a reconstrução nacional
dirigentes sérios
face e medula coriáceas
comemoram datas célebres
angola timor surinam.
Lembras-te das aulas de religião e mooral?
no fundo não eram más
amo todas as itmãs todas as primas
mas digo sempre que não
é o código santo da liberdade.

Electronic poem

I adore you
cloud blinded by dust
in the cracks
of a blond, asphyxiating furnace
after the mating storm.

What a scent the stench
and love
your
drunk breasts
that remain mine
a velvet mouth
and suddenly
a white horse
like in the times of childhood
resembles the hot flower seasoned with dung.

Papers newspapers pamphlets calling for strikes
it was national reconstruction
serious leaders
leathery face and medulla
commemorate famous dates
angola timor surinam.
Do you remember the lessons on religion and morals?
deep down they weren't bad
I love all my sisters all my cousins
but I always say I don't
it's the holy code of liberty.

Comemos bebemos
era a alegria
vinho a jorros
parecia teatro
pano de fundo dulce sem pecado.
Sinto-me padre careca padreca
mil sons mil músicas
tropeçaste oh! Dizzie?
um só grito: amor à saída dos jornais.

Independência nacional
sobem nos mastros
as quinhentas bandeiras
a onu de pantufas faz paródia até às tantas
presidentes ministros todos para amsterdam
a cidade lobo dos vícios
livros livros mais livros
logo à noite preciso falar contigo
é fácil vais ver
as cooperativas? que ideia!
pratos e cascas de banana vidros cachecóis
vem aí o frio
oh, américa! vem senão perco o tino
sumos de laranja desafiando a natureza
anteriormente densa
chovem organizações agora a juventude a porra da juventude
associações vigiadas
padres de amarelo
freiras de vermelho
rosas no peito
cheiram a alho as meninas da praça nova
púbis ao léu
clamam por protecção
quem aparece?

We ate we drank
it was joy
wine gushing
it seemed like theater
backdrop sinless dulce.
I feel like a priest a bald little priest
a thousand sounds a thousand musics
you tripped oh! Dizzie?
just one shout: love right out of the newspapers.

National independence
the five-hundred flags
climb the flagpoles
the un in slippers makes a parody until the wee hours
presidents   ministers   all to amsterdam
the wolf city of every vice
books   books   more books
I need to talk to you later tonight
it's easy you'll see
the cooperatives? what an idea!
plates and banana peels glasses scarves
here comes the cold
oh, america! come or I'll lose my touch
orange juices defying nature
formerly dense
it's raining organizations   now youth   the fucking youth
monitored associations
priests in yellow
nuns in vermillion
roses on their chests
the praça nova girls smell like garlic
pubis bare
they cry out for protection
who shows up?

ninguém
e depois os ofícios
os números
os meetings os programas
tudo estava feito
tudo estava programado o carlos pode ir embora
quem tinha razão era o alberto
que é a vida?
a morte? Não.
o esgoto de sempre
já não tenho sono
saudações
a seguir veio aquele programa chato
Lembranças pela rádio.

no one
and then the professions
the numbers
the meetings   the programs
everything was done
everything was programmed   carlos can leave
alberto was right
what is life?
death? No.
the same sewer as always
I'm no longer sleepy
greetings
next came that boring program
Memories via radio.

Claridade 76

De que vala correr atrás da lua
se ao ver teus olhos de cinza
tropeço nas estrelas da libertação?
(gritos: Cabo Verde noiva!)

Poetas panfletos panfletos poetas
carros pretos   carros amarelos
escorrego num boletim oficial
(gritos: Cabo Verde mulher de vida!)

Montes de papel
viúvas de manteiga
hímens de aço na brisa poeirenta de Reich
pontapeando as nádegas das mocinhas da cidade
(gritos: Cabo Verde pasmo!)

E as árvores
   e o mar
      e as ilhas e os ilhéus
         o luar da serenata
            outra vez o mar
               as morenas
                  oh! Poesia
(gritos: Cabo Verde desgraça!)

O que nos vale
é o sorriso de petróleo
das sereias de ferro
vomitando fezes
nas praias ingénuas das ilhas

Clarity 76

What good is it to chase the moon
if at glimpsing your ashen eyes
I stumble over the stars of liberation?
(chanting: Cabo Verde, the bride!)

Poets   pamphlets   pamphlets   poets
black cars   yellow cars
I slip on an official newsletter
(chanting: Cabo Verde, life-giving woman!)

Mountains of paper
widows of butter
hymens of steel in the Reich's dusty breeze
kicking the city's damsels in the buttocks
(chanting: astounded Cabo Verde!)

And the trees
    and the sea
        and the islands and the islanders
            and the serenade's moonlight
                the sea again
                    the dark-skinned girls
                        oh! Poetry
(chanting: disgraced Cabo Verde!)

What we value
is the petroleum smile
of the iron mermaids
vomiting feces
on the islands' ingenuous beaches

cadáveres em piquenique   cantando
crianças em mastros de espuma sonhando
camões em coma
fazendo sonetos
à menininha-amor-de-todos-os-mergulhadores.
(gritos: Cabo Verde em vias de desenvolvimento!)

corpses on a picnic   singing
children on masts of foam   dreaming
camões in a coma
making sonnets
to the girl-every-divers'-love
(chanting: Cabo Verde on the path toward development!)

Poesia em festa

A poesia esteve em festa.
Agitou bandeiras colondas   cartazes roucos
faIou para camponeses e assembleias de operários
esparrafou-se toda Ponta Belém   Ribeira Bote   Santa Maria.

Não esqueceu   porém
a magia das flores
a invenção do amor
a prostituição bela dos bichos
a dança louca das palavras
(caminhos necessários da Poesia)

Tribuno   Guerrilheiro
Estandarte   Vermelho
Subversor   Panfletário

Não esqueceu   porém
a sinfonia rubra das estrelas mendigas
as serenatas de vidro das madrugadas mastigadas
os fonemas sorridentes de ladrões de cravos
a surpresa doce dos adjectivos rebeldes
(caminhos ascendentes da Poesia)

Assediada pelos órgãos de informação
respondeu categórica a Poesia:
"Não faltarei ao Congresso.
Levarei comigo, no entanto, uma lua pentagonal e
uma orquestra surda de anões desfigurados".

Poetry partying

Poetry was partying.
It waved colorful flags   raucous posters
spoke for peasants and workers assemblies
spilled out over all of Ponta Belém   Ribeira Bote   Santa Maria.

   It did not forget   however
   the magic of flowers
   the invention of love
   the beautiful prostitution of beasts
   the mad dance of words
   (Poetry's required paths)

Tribune   Guerilla
Banner   Red
Subverter   Pamphleteer

It did not forget   however
   the ruddy symphony of beggar stars
   the glass serenades of chewed-up dawns
   the smiling phonemes of carnation thieves
   the sweet surprise of rebel adjectives
   (Poetry's ascending paths)

Harassed by the media
Poetry replied categorically:
"I won't miss Congress.
I will take with me, however, a pentagonal moon and
a deaf orchestra of deformed dwarves."

Livro de ponto para mais alguns anos

Tanto odiámos o destino
e ele estrangulou as nossas almas e falanges
reduzidas a licorosos ácidos!

Rua Afonso Henriques pândega e louca
calendário de nossos ossos crismados
coimbra   ano de 1969
beijos soletrados
em tardes de pediátrico abril
o signo libra operava a dois
nas greves-ponte de vinte e um cravos.

Os nossos sonhos germinavam límpidos no manifesto
as nossas fezes cruzavam África   lés a lés
repousando serenas   ora em mindelo ora em ponta belém
nos quartos cilíndricos de fantasias possíveis.

Enquanto bebíamos deslumbrados
as palavras avermelhadas das actualités
e os nossos peitos coxas e gestos perfumados
dormitavam nos soluços elásticos de noites alcatifadas

as nossas vértebras vitaminadas
nos degraus surdos
da escuridão e dos afagos sentenciados
navegam   soltas ao vento
na procura quotidiana
do relógio pardo
de nervos envernizados:

Time log for another few years

We so hate fate
and he strangled our souls and phalanges
reduced to acidic liquors!

Rua Afonso Henriques merrymaking and mad
calendar of our confirmed bones
coimbra   the year 1969
kisses spelled out
on pediatric april afternoons
the sign libra operated as a pair
in the bridge-strikes of twenty-one carnations.

Our dreams germinated clear in the manifesto
our feces crossed Africa   here to there
serenely resting sometimes in mindelo sometimes in ponta belém
in the cylindrical rooms of possible fantasies.

As we drank dazzled
the ruddy words of the actualités
and our perfumed chests   thighs   and gestures
dozed in the elastic sobs of carpeted nights.

our vitaminized vertebrae
on the deaf steps
of darkness and condemned caresses
navigate   released on the wind
in the daily search
for the brown clock
of vanished nerves:

O PARTIDO O PARTIDO O PARTIDO

Brilhava esbelta provocante a clandestinidade
nas nossas senhas vistosas
proletários senhores corpos hipnotizados em fuga
estranho e bendito trata

ratificado em
alcântara praia praça alexandre albuquerque setembro de
1972
matiota barreiro e nhagar
cantares
mordaças correrias
panfletos
o tony a dulce o zé a lena

Depois chegavam os ídolos
as máscaras
a festa
dançámos todos sem excepção
a alegria do parto comum
do esperma derramado em
assomada roterdam
pitche   amadora
o suor escaldante de nossas viagens bélicas e subterrâneas
transformara-se em valete de copas
na disputa fácil
de úteros flutuantes.

Depois
a redescoberta
os signos

THE PARTY   THE PARTY   THE PARTY

Svelte   provocative clandestinity shined
in our flashy passphrases
proletarian gentlemen/hypnotized bodies on the run
strange and blessed treaty

ratified in
alcántara   praia praça alexandre albuquerque september of
1972
matiota   barreiro and nhagar
songs
gags   raids
pamphlets
tony dulce zé lena

Then the idols arrived
the masks
the party
without exception we all danced
the joy of shared birth
of sperm spilled in
assomada   rotterdam
pitche   amadora
the scalding sweat of our journeys bellic and subterranean
transformed into a jack of hearts
in the simple dispute
of floating wombs.

Then
the rediscovery
the signs

os mitos enegrecidos
a mediocridade escultural
a tortura dos vasos
rotas
pâncreas
o desespero métrico dos pesadelos metralhados
o escárnio matemático dos rins servis
o desejo cúbico dos voos retardados.

Enquanto calcetamos os cérebros e a rótula
e nos desdobramos em renúncia e cópula
violentamos permanentemente
a fronteira dos espasmos consentidos
e
a comichão da América
que nos vem seduzindo
e aporcalhando as traqueias.

the blackened myths
the sculptural mediocrity
the torture of vases
routes
pancreas
the metric despair of machine-gunned nightmares
the mathematical derision of servile kidneys
the cubic desire of delayed flights.

As we cobble our brains and kneecap
and divide ourselves in renunciation and copulation
we permanently violate
the border of consented spasms
and
the itchiness of America
that came to seduce us
and to pork up our tracheas.

MOSAICOS

1980-1981-1997

"A poesia de Lautréamont, bela como um decreto de expropriação..."
(Aimé Césaire)

"A palavra de Aimé Césaire, bela como o nascer do oxigénio"
(Breton)

A indignação de Breton, bela como o funeral de um bode apaixonado ou o aborto (a ideia de aborto) encarcerado e de cigarrilha na boca

MOSAICS

1980-1981-1997

"The poetry of Lauréamont, beautiful like a decree of expropriation..."
(Aimé Césaire)

"The word of Aimé Césaire, beautiful like the birth of oxygen"
(Breton)

The indignation of Breton, beautiful like the funeral of a lovestruck he-goat or abortion (the idea of abortion) jailed, with a cigarette hanging from its mouth

1

Deus e o silêncio,
a espaços,
temendo a morte de
pássaros mestiços e açucarados,
na serenidade
de orgasmo miúdo
e sopesada ternura.

Quem ousará
hoje
balbuciar o nome
de mulher pudica,
regressada
da ilha-incesto
de heróis precoces e desnaturados?

1

God and silence,
to gaps,
fearing the death
of mestizo, sugared birds,
in the serenity
of boyish orgasm
and considered affection.

Who would dare
today
to babble the name
of the prudish woman,
returned
from the incest-island
of precocious, denatured heroes?

2

Quem
poderá sortir
a dor deste silêncio
cavado e amigo?

    A noite,
caudal sereno de sonhos
e sorrisos seus prisioneiros,
será a ponte chã
por onde caminharão,
sonolentos,
traços negros
de bátega traiçoeira e fina.

2

Who
could supply
the pain of this silence,
burrowed friend?

    The night,
    serene flow of dreams
    and smiles its prisoners,
    will be the flatlands bridge
    they will walk across,
    drowsy,
    black traces
    of a fine, treacherous downpour.

3

Desancado,
adormece o violino
no divã da noite.

Num acorde desventrado e pálido,
sorri
o silêncio
à criança
que arrota a felicidade
de sua morte adiada.

3

Battered,
the violin dozes
on the night's divan.

In a pallid, disemboweled chord,
silence
smiles
at the child
that belches out the happiness
of her deferred death.

4

A pedra e o sal em teus olhos,
pedaços de sóis e constelações
perdidos em teu corpo.

As palavras e as ancas,
dependuradas em teus ossos,
sílabas de noites
no aluguer de teu canto.

Pedra,
sol,
ancas,
sal e palavras,
heróis sem corpo
abatidos na fronteira do silêncio.

4

The stone and salt in your eyes,
pieces of suns and constellations
lost in your body.

Words and hips,
suspended from your bones,
syllables of nights
in the rental of your song.

Stone,
sun,
hips,
salt and words,
bodiless heroes
slaughtered on the border of silence.

5

Na morte,
    o silêncio de desejos.
    Nas vozes pândegas e mudas,
    os silêncios
    que deflagravam
    em teu ventre.

5

In death,
> the silence of desires.
> In voices revelrous and mute,
> the silences
> that burned up
> in your womb.

6

Uma âncora em tua ausência.
   Secou o cântaro
   onde se resguardava
   palavra corpo
   de poema de trotil e mar.

6

An anchor in your absence.
    The pitcher dried up
    which safeguarded
    word body
    of poem of trotyl and sea.

7

O silêncio que me dão
    teus gestos,
      poema amargurado
    de nudez e silêncios.

7

The silence that your gestures
        give me,
        poem embittered
        by nudity and silences.

8

Não preciso
de olhos
para habitar
teus seios.
Emergir de teu corpo,
anémico resgate
de versos martirizados.

8

I don't require
eyes
to inhabit
your breasts.
Emerging from your body,
the anemic redemption
of martyred verses.

9

Tudo tem o seu tempo.
    Não é verdade,
louco,
que todo o olhar
tem o brilho que lhe desenham
a vastidão e a moldura do silêncio?

    Tudo tem, sim, o seu tempo.
Não duvides,
pois,
flor
que remorso não existe
que redima
esta onda
de palavras
que ontem
incendiavam
teus olhos.

9

Everything has its time.
    Is it not true,
    madman,
    that every look
    has the shine designed for it by
    the vastness and frame of silence?

    Everything, yes, has it's time.
    Don't doubt,
    then,
    flower
    that remorse doesn't exist
    that it redeems
    this wave
    of words
    that yesterday
    set fire to
    your eyes.

10

O silêncio das palavras

Quem não teme
a severidade da noite
e a ternura fria das palavras?

A madrugada interroga
flores
na sepultura
de desejos
de silêncio.

As palavras de silêncio

10

The Words' Silence

Who does not fear
the severity of night
and the cold tenderness of words?

The dawn interrogates
flowers
at the grave
of desires
of silence.

Silence's Words

11

No HSM, à espera do otorrino

a)
O sal neurótico,
a ilusão do percurso desenfreado,
no poente de uma nuvem de paixões

Pensar que amanhã
estaremos em leito de mulher angélica,
quando a noite
se vingar
do cancro
que lhe impuseram os seios,
na praia generosa
de corações naufragados!

b)
Diz-me, então,
musa
se seremos nós
— os astros —
quem destroçará
o peito
deste solfejo de vidas,
labirinto de
silêncios de nada
e de negro traçado da morte!

11

At the HSM, waiting on the ENT

a)

Neurotic salt,
the illusion of the wild course,
in the sunset of a cloud of passion.

To think that tomorrow
we will be in the bed of an angelic woman,
when the night
avenges
the cancer
that her breasts
imposed,
on the generous beach
of shipwrecked hearts!

b)

Tell me, then,
muse,
if it will be us
—the stars—
who will destroy
the chest
of this solfeggio of lives,
labyrinth of
silences of nothing
and of black traced from death!

c)
  A sorte, essa,
  desenvencilhara-se,
  hábil codorniz de sonhos peregrinos,
  dos murmúrios repetidos
  no hall
  onde,
  desolado,
  passeava em frenesi
  um bezerro anestesiado pelo Tempo.

d)
  Um centavo de amor
  vende-se,
  vendia-se ontem.

  Pobre poesia,
  modelada
  geometricamente
  num sismógrafo!

c)
  Luck, that,
  to extricate oneself,
  skillful quail of peregrine dreams,
  of repeated murmurs
  in the hall
  where,
  desolate,
  a calf anesthetized by Time
  paced in a frenzy.

d)
  A cent of love
  is for sale,
  was for sale yesterday.

  Poor poetry,
  modeled
  geometrically
  on a seismograph!

Misplaced timeline of this book's translation, written by the unreliable translator

1998: While their Southern Baptist missionary parents are on furlough from Mexico, the 12-year-old translator (bones, armpits, plasma, and most phalanges having already appeared...) acquires Alexander da R. Prista's *Essential Portuguese Grammar*[1] at a used bookstore in suburban Houston. Squinting in the insufficient light of the gas-powered fireplace in the unused sitting room of their pastor grandfather's home, their tongue reveals its intimacy with Spanish (*Surge un patrón...*) as they read example sentences aloud before the seething ribbons of flame.

Fall 2004: At a farm in the rural cloud forest of Coronado, Costa Rica, the translator fulfills their lifelong dream of acquiring a pet pig, whom they christen Madonna. Bred for food rather than companionship, the beast remains shy and squeals wildly no matter how calmly the translator approaches. Ten days later, after a stormy night, the translator awakes to her disappearance: pignapped, Madonna was never to return. The translator never tasted pork again.

2005: On the vast plains of Oklahoma, the translator, now an undergraduate, mimics the buoyant postalveolar fricatives of their Recifense professor, attends a weekly *bate-papo* on the patio of a bakery near campus, and devours contemporary Brazilian film, before the demands of due rent and diversion of spare attention result in over a decade of linguistic neglect.

2016-17: Inspired by the work of Conceição Lima[2], the translator begins to read Lusophone African poetry in earnest, eventually traveling to São Tomé to conduct research. While speaking live on Televisão Santomense's morning news program several days before the first inauguration in their own country of a delirious orange, porcine clown, the translator is informed by the program's telegenic presenter that, in their enthusiasm for explaining the intrinsically political nature of poetry, their Portuguese appears to have transubstantiated into Spanish. *Talvez possa repetir esta linha de pensamento – em português?*

---

1 Garden City, New York: Dover Publications, 1966.
2 See *No Gods Live Here: Selected Poems* (Dallas: Deep Vellum Publishing, 2024).

Fall 2019: In a lovely, obscure anthology assembled by a Mormon professor[3], the translator first reads about *Porcos em delírio*: "As a poet, Carlos Fonseca is very unorthodox in form and sarcastic in tone." And also: "His name is often mentioned as a viable candidate to the presidency of Cape Verde."

December 2019: The translator, recently relocated to coastal Northern California from the mountains of South Kurdistan, sends a former child actor[4] to the library at UCLA, to scan the nearest copy of *Porcos em delírio*. The actor delivers two versions of the file, one inexplicably color corrected.

January 2020: The translator asks Conceição Lima if she knows the poet, and soon thereafter she responds with his email address, having first sought his permission to do so. The translator is pleased to see that His Excellency uses a Yahoo account to attend to his literary correspondence, and horrified, several weeks later, to note that they misplaced the circumflex e in the opening *Sua Excelência* of their initial missive.

February 2020: Despite the perpetual dearth of letters received during this season, the translator's optimism manifests with daily visits to the post office, whose attendant expresses curiosity and wonder when the translator receives a brown bundle whose return address is marked with the executive office of Cabo Verde. Within, the translator finds a copy of *Porcos em delírio*, (posthumously?) inscribed and described as the poet's "last extant copy" in a ghostly scrawl.

For months the translator carries this last, precious copy of *Porcos* with them everywhere they go, like a talisman, third nipple, or pet pig. In Mexico City, they display it proudly before a parade of visiting writers (Mario Bellatin, Mohsen Emadi, Pergentino José…), praising the porcine smirks and Comic Sans of its iconic cover and promising a forthcoming translation into English.

---

3 See *Poets of Cape Verde: A Bilingual Anthology*, ed. Frederick G. Williams (Provo, Utah: Brigham Young University Studies, 2010).

4 Scholars of laconic internet comedy and animal-themed rap enthusiasts will recognize Paul Prado for his iconic roles as Son of Lorene Roberts in Season 4, Episode 15 of *Unsolved Mysteries* (1991) and as Peeved Preschooler in Season 3, Episode 16 of *Rescue 911*,"Diver Tank Full" (1992).

March 2020: Worse (far worse, and far less porcine) than the Swine Flu of '09[5], a new virus descends, invisible, across the earth, paralyzing transit and halting trade. The translator's correspondence with the poet, whose dispatches span a wide range of concerns, remain a rare beam of a light during dark, masked days of suspicion and uncertainty. A collective delirium extends beyond the confines of the pigpen.

September 2020: The translator's first child, Archie Lyle, is born, on the shore of Tomales Bay. In the timelessness of infancy[6], the translator slowly proceeds with their work, child cooing beside their workspace at their kitchen table, Shepp's[7] *Attica Blues* crackling in the sea air.

November 2020: His Excellency invites the translator, by email, to attend the ceremony celebrating his selection as winner of the 2020 Prémio Literário Guerra Junqueiro - Lusofonia. Donning an N95 and faceshield, the translator skips their first child's first Thanksgiving, instead flying to an abnormally quiet Praia, where they meet the poet for the first time, beneath the stolid mustache of Eugénio Tavares[8], whose portrait oversees the presidential office. The writer Joaquim Arena[9] serves as the translator's valet and tour guide. Eerily deserted of its usual Portuguese and Northern European tourists, they visit Cidade Velha and its famous Rua Banana, sample grogue, and spend the week meeting as many writers as possible.

---

5 See "H1N1," from Sam Sax's *Pig* (New York: Scribner, 2023)
6 In a text message, during those postpartum days when time seems alternatingly to stretch endlessly between wonder and exhaustion or congeal in clumps of memory the translator fears they will forget forever, Forrest Gander quotes Antonio Porchia, translated by W. S. Merwin: "Infancy is what is eternal, and the rest, all the rest, is brevity, extreme brevity."
7 From an email from Jorge Carlos Fonseca, dated October 9, 2020 and titled "ARCHIE": "Archie is the name of one of my youthful idols: the tenor saxophonist Archie Shepp, of free jazz. I suppose I refer to him in [my novel] *The Spanish Hostel*."
8

9 See *Under Our Skin: A Journey*, translated by Jethro Soutar (Los Angeles: Unnamed Press, 2023).

Spring 2021: In an interview for Words Without Borders, the translator, ever optimistic or overly confident or merely entangled in the delirium that befalls those who inhabit the uncertain space between a beloved existing book and its theoretical future manifestation in another language, alleges that their translation of *Pigs in Delirium* will come out in the fall. alligatorzine, in Berlin, publishes "Brief Lover-Trapezist Song," "Das flambierte Mädchen," and excerpts from "Mosaics."[10] Jaqui Marques, who facilitated the translator's visit to Praia, lends them her eyes and ears to review the translation in progress.

December 2021: The translator hosts René Char in the southern room of their home at Newt Beach, in Northern California, for twenty-seven days and twenty-seven nights. They passionately argue about the translation of a book title: *Pigs in Delirium* or *Delirious Pigs*.

2022: In a dream on a night of fitful sleep, the translator squints through the Tana haze to observe Jean-Joseph Rabearivelo spit a wad of khat on Raymond Roussel's spats. After a beat of silence thick with tension, both poets break into laughter.

2023: Not even the translator themselves can recall where they were or what happened in 2023.

2024: *Tripwire* publishes "Clarity 76" and "Cadastral survey of a country (Cabo Verde), / a city (Praia) and a street (Salabandêra) / in the year 2035."

January 2025: Joaquim Arena[11] performs a final review of the translation and answers the translator's outstanding questions (among them: how to best render *prontes*, the nuance of *cachopa* (with reference to Bogart's address of Bergman), and whether "masticated mornings" might exaggerate bovine sympathies).

May 2025: *Pigs in Delirium* goes to print, 27 years after *Porcos em delírio* appears in Cabo Verde. The translator cedes their copyright to that same beggar who is always outside of Ilione's Café.

---

10 The translator is encouraged when Joyelle McSweeney tweets: "Totally needed infusion of cosmic afflatus on a grimly human day."
11 Winner, since our 2020 encounter in Praia, of the Prêmio Oceanos for his novel *Siríaco e Mister Charles* (Lisbon: Quetzal Editores, 2023).

MULHERES EM CHAMAS
OU
NEW YORK LOVES BURGERS

1976-1978-1979-1980-1985

WOMEN IN FLAMES
OR
NEW YORK LOVES BURGERS

1976-1978-1979-1980-1985

Saxofone de espuma

Sonho-te Bela
no inferno das noites vagabundas
e no paraíso vagabundo dos dias lindos de fantasmas
desejados.

Sonho-te Donzela
em cavalos pretos lisos alados
trotando alegres pelo coração da cidade
(somos actores no teatro do corpo).

Sonho-te Bailarina
ágil colorida
quando sons de música
correm estranhos
nestas veias sensíveis de crustáceo.

Sonho-te Graça
nas tardes desesperadas
onde a vida
minuto a minuto
se contorce
em dores-parto
de poemas inglórios
(heróis que os compêndios nunca consagrarão).

Sonho-te Novela Surreal
nos encontros-pesadelo
de comediantes nostálgicos
— **NOJENTA ACADEMIA** —
(lembras-te da noite de chuviscos em que fizemos hinos à flor?)

Foam saxophone

I dream of you Bela
in the inferno of vagabond nights
and in the vagabond paradise of nice days of desired
ghosts.

I dream of you Donzela
on smooth winged black horses
trotting joyful through the heart of the city
(we are actors in the body's theater).

I dream of you Ballerina
agile colorful
when notes of music
flow strange
in these sensitive crustacean veins.

I dream of you Graça
on the desperate afternoons
where life
writhes
minute by minute
in the birth-pangs
of inglorious poems
(heroes that the compendia will never consecrate).

I dream of you Novela Surreal
in the nightmare-meetings
of nostalgic comedians
—NASTY ACADEMY—
(do you remember the sprinkling night when we made hymns to the flower?)

Sonho-te Borboleta Carnaval
na paródia grosseira
de convívios
onde
se apunhalam vivos
restos frescos de corpos abandonados
(Deixa que te diga: nunca soube o que sonham corpos sem destino!)

Sonho-te Vento e Heroína
nas tempestades de areia cobrindo irremediavelmente
traições banais.

Sonho-te Espuma Esguia
Mulher Perfume
quando tropeço no charco impressionantemente fétido
de viúvas semanalmente canibais

I dream of you Borboleta Carnaval
in the coarse parody
of conviviality
where
the fresh remains of abandoned bodies
are stabbed alive
(Let me tell you: I never knew what bodies with no
destination dream!)

I dream of you Vento e Heroína
in the sandstorms irremediably covering
banal betrayals.

I dream of you Espuma Esguia
Perfume Woman
when I stumble in the impressively fetid puddle
of widows weekly cannibalistic.

Morre fulminado antes de nascer amor louco
coxeando nas valetas de manhattan

Porque agitas tão descompassadamente as ancas, mulher de
New York?
Será que estes sons longínquos e estas luzes mágicas cantam a
tua sorte adúltera e enterram as tuas distintas fezes debaixo de
um canto luzidio?

    Enquanto dormimos,
    e o repasto mimeografado nos persegue,
    as rodas e as alavancas voam céleres para New York
    e com elas desejos alados de crateras romãnticas.
    (as cabras e as amarras coltam-se
    e beijam e estrangulam a liberdade da américa.
    archie shepp ruge felino multiplica-se
    entre espectros de viets acolchoados)

Porque brandes tão assustadoramente os seios, mulher de New
York?

Será que o ritmo louco da música entrecortada,
as vozes negras da desgraça individualizada,
as indisgestões diárias
de ambições roxas   esfaquedas
percorrem o teu sangue tímido
de tanto te violentar, américa?

Porque eyaculas e amas tanto, mulher de New York?

Foge moribunda
deste lago cambaleante,

**Mad love dies destroyed before being born
limping through the gutters of manhattan**

Why do you so crookedly shake your hips, woman of
New York?
Might it be that these distant sounds and these magic lights sing of
your adulterous luck and bury your distinctive feces beneath
a shiny song?

    While we sleep,
    and our mimeographed meal pursues us,
    wheels and joysticks fly swiftly toward New York
    and with them the winged wishes of romantic craters.
    (the goats and their tethers come loose
    and kiss   and strangle america's liberty.
    archie shepp roars   feline   multiplies
    among the quilted ghosts of Viet men)

Why do you so frighteningly brandish your breasts, woman of
New York?

Might it be that the mad rhythm of the punctuated music,
the black voices of individualized disgrace,
the daily indigestions
of purple ambitions   stabbed
course through your blood
from so much   raping you, america?

Why do you cum and love so much, woman of New York?

Flee   dying
from this staggering lake,

da cachaça bem boa,
das TV news,
América às nove,
no ruído dos pubs e dos coffee shops,
das latas vazias de coke
e da maravilha das manhattan yellow pages.

    (Entretanto dançamos juntos,
    embriagados sobre-máquina
    pela slidão traiçoeira
    de glóbulos vermeinos subitamente despoletados)

Canta América! Canta américa
tuas odes de pedras metalizadas,
tua fonética carcomida,
teus olhos lindos
teus pêlos de ouriço ultrajado!

UM ECO ABANDALHADO AO BEIJARMOS A RUA 51: NEW YORK LOVES BURGERS

from quite nice cachaça,
from TV news,
America at nine,
amidst the noise of the pubs and coffee shops,
of the empty cans of coke
and of the wonder of the manhattan yellow pages.

        (Meanwhile we dance together,
          drunken over-machine
          on the treacherous solitude
          of red blood cells triggered suddenly)

Sing America! Sing america
your odes for metalized rocks,
your cast-off phonetics,
your pretty eyes,
your pubic hair a spurned porcupine!

**A SLOPPY ECHO WHEN WE KISS ON 51ST STREET:
NEW YORK LOVES BURGERS**

No restaurante avis, dia vinte e oito, ao recusar
a sopa, por volta das nove e um quarto. Outrossim,
reneguei definitivamente o canto da cigarra

Como pardal
em tempo de chuva rara
terias um nome qualquer.
Teus seios,
desejados limões
em interdito inverno,
teus lábios abertos,
sempre abertos,
dois túneis
adocicados
repentinamente dialogantes.

Espantou-me
ter perguntado,
ali,
mais além,
por que seremos dois,
só dois,
a marchar pelo vento,
pelas entranhas
deste monstro vivo,
recordando
o quotidiano horror
a uma qualquer simulação
de pontos cardeais.

Pensei quatro vezes
e desisti

At the avis restaurant, on the twenty-eighth, upon refusing the soup, at around a quarter past nine. Furthermore, I definitively rejected the cicada's song

Like a sparrow
in a season of rare rain
you would have whatever name.
Your breasts,
desired lemons
in interdict winter,
your lips open,
always open,
two tunnels
sugary
suddenly reconciliatory.

It scared me
to have asked,
there,
further,
why there would be two of us,
just two,
marching through the wind,
through the entrails
of this living monster,
remembering
the quotidian horror
of any simulation
of cardinal points.

I thought four times
and gave up

de te chamar amor.
Não valia a pena
chorar búzios
quando a tempestade
se aproximava,
súbita,
lírica
testemunha
de suicídio
um
e do descalabro
de um corpo
deslizante
e desnaturado
pelo aluguer.

on calling you love.
It wasn't worth
crying whelks
when the storm
approached,
sudden,
lyric
witness
to suicide
one
and to the collapse
of a body
sliding
and denatured
by rent.

Salga semestral

Partiste   um vento frio sopra
parti
partimos   abraços perdidos
               neblina de pensamentos
encavilhados
um sol fúnebre atravessa as nossas coleiras requisitadas

No chão   cão destes bravos soldados
                 enamorados
                 da lua tal qual
                 e da sífilis

quatro pés sobre quatro rins
todos gémeos   dobradiços
dão a resposta equacionada:

quando sopra um vento gélido
e se perdem abraços umedecidos
num sol tristonho e moribundo
a nossa sorte de
prisioneiros do umbigo e do peito
escorre   ligeira   saudosa   triunfal
por entre pescoços secos e singelamente comutáveis.

Biannual salting

You left   a cold wind blows
I left
We left   lost embraces
                              haze of thoughts

dowelled
a mournful sun traverses our required collars

On the ground   dog of these brave soldiers
                              in love
                              with the moon as such
                              and with syphilis

Four feet over four kidneys
all twins   hinging
give the considered answer:

when a frigid wind blows
and moistened embraces are lost
in a depressed and dying sun
our lot as
prisoners of navel and chest
runs light nostalgic triumphal
between necks   dry and simply commutable.

Ódio à operação aritmética ou como condenar à morte sem julgamento tumor onírico cambaleante e já vitimado por aperto mitral

Corre
verde
gazela
mulata perfumada e fugidia
teus passos sedosos e soletrados
porque à noite
    todas as noites
    viúvas de madrugadas raras
    de nossa surda e quente timidez
há uma vértebra
que segura
esta loucura
de querer perfurar teus olhos
escondendo sorrisos de uma estrela sem rumo.

(em teu corpo frágil e quase clandestino, há uma âncora, ainda
não sinalizada, fundeada algures numa circunvolção cerebral,
esmagada todos os sábados pela doce frescura de silêncios)

Foge
zebra
mulata
teus cabelos negros
heróis no vento
réus no desalento
porque as noites

Hatred of arithmetic operation or how to condemn a staggering oneiric tumor, already victimized by mitral tightness, to death without trial

Run
green
gazelle
mulatta perfumed and slippery
your steps silky and spelled
because the night
      every night
        widows of rare dawns
        of our hot, deaf shyness
there is a vertebra
that holds
this madness
of wanting to pierce your eyes
hiding an aimless star's smiles.

(in your fragile and almost clandestine body, there is an anchor, still not signposted, let down in a cerebral circumvolution somewhere, crushed every saturday by the sweet freshness of silences)

Flee
mulatta
zebra
your black hairs
heroes in the wind
defendants in dismay
because the nights

apenas as noites
companheiras de sonhos
de manhãs enluvadas
poderão devolver-nos a coragem
da morte inesperada
ou a certeza de pasmar
de amor rochoso
bisturi em punho/lira afogada em delírio
rebelde como um assalariado.

Na hora do reencontro
contagiante   delinquente
teus seios longínquos amansados
tuas mãos azuis (belos e sensíveis cadáveres de sangue pudico
e muda carne)
serão
o fogareiro   a relíquia
onde
impacientes / invariavelmente trémulas
dormitarão
as cinzas de um amor
criança amputada de pulmões
precoce e aritmeticamente desflorada pelo Tempo.

just the nights
companions to dreams
to mornings gloved
can give us back the courage
of unexpected death
or rocky love's
certainty to astound
bistoury in hand/lyre drowned in delirium
rebellious like a salaryman.

At the hour of our reencounter
contagious   delinquent
your breasts distant   tamed
your hands blue (beautiful and sensitive cadavers with prudish blood
and mute flesh)
will be
the stove   the relic
where
impatient   invariably trembling
the ashes of a love
lung amputee child
precocious and arithmetically deflowered by Time
will slumber.

Um veneno mandrião alugado numa noite
incendiária aos teus olhos descalços

> Nous changeons nous-mêmes et nul ne peut s'assurer
> qu'il aimera demain ce qu'il aime aujourd'hui...
> Ainsi tous nos projets de felicité pour cette vie
> sont des chimères
>
> Rousseau (neuvième promenade)

O teu gemido,
armstrong,
queria-o doce,
na noite quente sem sorrisos
em que a morte
vitimou
não sei quantas proezas de um crânio subitamente
apaixonado.

Por que estiveste ausente, então,
olhar roubado, seio pardo,
quando o luar sonolento
afugou,
sem remissão,
os pecadilhos louros
do abundante oxigênio   de tua baía convalescente?

Num gesto de raiva
engoli as ondas traiçoeiras do mar,
e, felino,
ejaculei a saudade apodrecida
de teus lábios mobiliados,

**An idler poison rented on a night
incendiary to your barefoot eyes**

**Nous changeons nous-mêmes et nul ne peut s'assurer
qu'il aimera demain ce qu'il aime aujourd'hui...
ainsi tous nos projets de felicité pour cette vie
sont des chimères**
Rousseau (neuvième promenade)

Your moan,
armstrong,
I wanted it sweet,
on the warm smileless night
on which death
victimized
I don't know how many feats of a skull suddenly
in love.

Why were you absent, then,
stolen glance, brown breast,
when the drowsy moonlight
drowned,
without remission,
the blond peccadillos
of your convalescent bay's abundant oxygen?

In a gesture of rage
I swallowed the sea's treacherous waves,
and, feline,
ejaculated the rotted longing
of your furnished lips,

estranhamente assaltados
pelo vinho fresco de minha ternura vendida.

De tanto te desejar, uma madrugada cúmplice estrangulou, ao terceiro dia, teus espasmos segurados contra todos os riscos.

strang~~ely~~ assaulted
by the fresh wine ~~of my~~ sold tenderness.

*Because it so wanted ~~you~~, a complicit dawn ~~strangled~~, on the third day,
your sp~~asms~~ insured against every risk.*

Homofonias da aritmética
ou
as atribulações da brava ilha da solidão e da
doçura esmagada pela anemia

os sons agourentos
eu
a hipotética ave
a morte doce
tu
esta dor turva
uma prisão recauchutada sorri para a fotografia +
subverto logo existo

uma palavra   solta   desinibida
mas por que terá a onda que quebrar
se o mar é tudo menos tolo e submisso?
ananinhanão
morrer eu antes morra o patrão +
existo logo resisto

o tecto nublado numa paisagem de verde envergonhado
a ilha mansa rebelando-se uma vez todos os dois anos
a paixão instantânea sem seguer tempo de um beliscão +
sorriem os girassóis logo existimos

um inquérito embriagado
a polícia... oh! a polícia

Homophones of arithmetic
or
the tribulations of the wild island of solitude and sweetness crushed by anemia

the ominous sounds
me
the hypothetical bird
the sweet death
you
this cloudy pain
<u>a refurbished prison smiles for the photograph</u> +
I subvert therefore I am

a word   loose   uninhibited
but why must the wave break
if the sea is anything but foolish and submissive?
notmyana
<u>if I'm to die the boss dies first</u> +
I exist therefore I resist

the cloudy ceiling in a landscape of embarrassed green
the gentle island rebelling once every two years
<u>instant passion without even time for a pinch</u> +
the sunflowers smile therefore we exist

a drunken inquiry
the police… oh! the police

a missa   o violino   o pescado curcunda de tanta ladeira +
não há tempo para um instante de amor

a lua sorridente
a grade marota
o tudo ou nada
o amor permanente
a subversão transparente +
cinco tempos de uma demência necessária

<u>the mass the violin   the fish hunchbacked by the steep slope</u> +
there is no time for a moment of love

the smiling moon
the sly crate
everything or nothing
permanent love
<u>transparent subversion</u> +
five instances of a necessary dementia

Canto breve de amante-trapezista

Por que devoraste
assim tão repentinamente
as mãos viúvas
e os gatos
deste pastor de estrelas,
as veias rosadas
sob o fogo
de teu perfume desejado?

Por que sonhei
estrangular de beijos,
na madrugada quente de teu corpo tímido e distante,
os olhos naufragados
na procura doce
de primaveras interditas e desencontradas?

Para quê
ver-te assim,
tão próxima,
tão desfraldada ao vento,
se as tuas coxas roxas,
teus lábios acorrentados,
rejeitam a tortura e a morte
de paixão negra e nutrida pela solidão?

(Estranha música aquela que faz despoletar bacilos
desavergonhados desafiando o equilíbrio de destino computado!)

Brief lover-trapeze artist song

Why did you devour
like this so suddenly
the widowed hands
and gestures
of that shepherd of stars,
the pink veins
over the fire
of your desired perfume?

Why did I dream
of strangling with kisses,
on the warm dawn of your timid, distant body,
the shipwrecked eyes
on the sweet quest
of banned, conflicting springs?

Why
see you like this,
so near,
so unfurled in the wind,
if your purple thighs,
your chained lips,
reject the torture and the death
of passion black and nurtured by solitude?

(Strange music that, which makes bacilli trigger
shameless challenging the equilibrium of computed destiny!)

A penhora de uma semana isenta de moratória

Polir os dentes & uma noite dessincronizada de pêndulos

Mastigar a solenidade dos ossos & o silêncio devasso de um alfabeto desarticulado

Orquestrar paixões desafinadas & a teatralidade de manhãs perifrásticas

Mutilar a bigamia das palavras sempre que me dizes: *gramo de ti*.

The garnishment of a week exempt from the moratorium

Polish the teeth & a dismantled night of pendulums

Chew on the solemnity of bones & the profligate silence of a disjointed alphabet

Orchestrate out-of-tune passions & the theatricality of periphrastic mornings

Mutilate the bigamy of words
everytime you tell me: *I dig you.*

Articulados inconvenientes

No fim,
o sinal para a morte liminarmente decretada,
os beiços esburacados
pela ternura medida
de olhar armadilhado
e ciumenta verruga.

Soubera bem
o encanto de teu corpo poluído,
para que pudesse,
inocente delinquência,
sorver a frescura
de um sorriso (inverno prematuro)
de louco prefaciador de paixões
degoladas pelo art.º 401.º.

Inconvenient pleadings

In the end,
the sign for the death decreed outright,
the lips burrowed
by the measured tenderness
of a trapped glance
and jealous wart.

I knew well
the charm of your polluted body,
so that I could,
innocent delinquency,
sip the freshness
of the smile (premature winter)
of a mad prefacer of passions
beheaded by Art. 401.

Nem sempre a conta bate certo

Para ti, sorridente rua H

Ai de mim
se contigo casasse!
Os beijos que te daria
à saída da igreja
seriam,
à noite,
os faróis solitários
colados ao negativo
do fotógrafo
que existe
em nós dois.

The books don't always match up

For you, grinning rua H

Woe to me
if I were to marry you!
The kisses I would give you
at the church's exit
would be,
by night,
the solitary lighthouses
pasted to the negative
of the photograph
that exists
in us both.

Das flambierte Mädchen

A mulher de vento
possuída pela morte,
diz-se que para as bandas de Littenweiler,
sonhara incestos e prazeres interditos
e embarcara
em veleiro esbelto mas destroçado pelos ventos.

O que poderia estar escondido
detrás de corpo
franzino e ausente
que sela os lábios
e amputa sorrisos
a caminho de um abismo indesejado?

Apenas
palavras sitiadas
por mudo desejo
de crateras de silêncios.

Das flambierte Mädchen

The woman of wind
possessed by death,
it is said that for the bands of Littenweiler,
she had dreamed up incests and forbidden pleasures
and had embarked
on a yacht svelte but destroyed by the winds.

What could be hidden
behind the body
slender and absent
that seals the lips
and amputates smiles
on the way to an unwelcome abyss?

Just
words beleaguered
by the mute desire
of craters of silence.

ÍNDICE

Biografia sumária do autor, escrita por um antigo
inimigo, hoje, depois da morte, seu admirador confesso 82
À cidade da Praia 74

*"Continuo sem me inteirar do que possa haver
de comum entre a poesia e a literatura. A poesia
é domínio reservado e é inútil pretender prostituí-la"*
Um natal sem nó nem dó 68
O simulacro do suicídio 67
Beija-me, palavra! 65
Mindelo está a arder! 63
Foi-se O mário. Uma carta, esta?! Mas não se pense
que, neste momento, navego em gin tónico! 60
Telegrama 58
Anúncio (oferta de mulher), melhor: borrão de mulher 57
Um touro esquisito e normalizado 55
Porcos em delírio 53
Descrição cadastral de um país (Cabo Verde), uma
cidade (Praia) e uma rua (Salabandêra) no ano de 2035 48
Declaração 47

*"Politicamente a metaciência ao pronunciar-se
dirá que a verdadeira democracia só será possível
quando todos os homens forem poetas"*
Poema electrónico 45
Claridade 76 42
Poesia em fiesta 40
Livro de ponto para mais alguns anos 39
Mosaicos 36

INDEX

Brief biography of the author, written by an old enemy,
today, after his death, his confessed admirer 82
To the city of Praia 74

*"I still don't see what poetry and literature might
have in common. Poetry is a reserved domain and
it's useless to try to prostitute it."*
A christmas with neither ties nor pity 68
Suicide's simulacrum 67
Kiss me, word! 65
Mindelo is on fire! 63
Mário's gone. A letter, this?! But don't think that,
at this moment, i'm sailing on gin and tonic! 60
Telegram 58
Advertisement (woman on offer), rather: a draft of a woman 57
An aberrant, standardized bull 55
Pigs in Delirium 53
Cadastral survey of a country (Cabo Verde), a city (Praia)
and a street (Salabandêra) in the year 2035 48
Declaration 47

*"Politically metascience upon being pronounced
will say that true democracy will only be possible
when all men are poets"*
Electronic poem 45
Clarity 76 42
Poetry partying 40
Time log for another few years 39
Mosaics 36

Mulheres em chamas ou New York loves burgers
Saxofone de espuma 18
Morre fulminado antes de nascer amor louco
coxeando nas valetas de manhattan 16
No restaurante avis, dia vinte e oito, ao recusar a sopa,
por volta das nove e um quarto. Outrossim, reneguei
definitivamente o canto da cigarra 14
Salga semestral 12
Ódio à operação aritmética ou como condenar à morte
sem julgamento tumor onírico cambaleante e já
vitimado por aperto mitral 11
Um veneno mandrião alugado numa noite
incendiária aos teus olhos descalços 9
Homofonias da aritmética ou as atribulações da brava
ilha da solidão e da doçura esmagada pela anemia 7
Canto breve de amante-trapezista 5
A penhora de uma semana isenta de moratória 4
Articulados inconvenientes 3
Nem sempre a conta bate certo 2
Das flambierte Mädchen 1

Women in flames or New York loves burgers
Foam saxaphone 18
Mad love dies destroyed before being born
limping through the gutters of manhattan 16
At the avis restaurant, on the twenty-eighth, upon refusing
the soup, at around a quarter past nine. Furthermore,
I definitively rejected the cicada's song 14
Biannual salting 12
Hatred of arithmetic operation or how to condemn
a staggering oneiric tumor, already victimized by mitral
tightness, to death without trial 11
An idler poison rented on a night
incendiary to your barefoot eyes 9
Homophones of arithmetic or the tribulations of the wild
island of solitude and sweetness crushed by anemia 7
Brief lover-trapeze artist song 5
The garnishment of a week exempt from the moratorium 4
Inconvenient pleadings 3
The books don't always match up 2
Das flambierte Mädchen 1

ENDNOTES

Brief biography of the author, written by an old enemy, today, after his death, his confessed admirer

In São Vicente Creole, fantilhona refers to a type of preschool.

Adriano Moreira refers to a public secondary school in northern Praia, named after a colonial-era Portuguese Overseas Minister (Ministro do Ultramar). Following Cabo Verde's independence in 1975, it was renamed Liceu Domingos Ramos in honor of the freedom fighter.

A bolacha is a type of inexpensive bread. Round, dry, and hard, it is typically served to accompany coffee, tea, or milk.

The "Gang of Four" (四人帮 in Simplified Chinese) was a Maoist faction of four Chinese Communist Party officials, led by Mao Zedong's widow Jiang Qing, charged with treason following the Cultural Revolution.

The expression "prontes," here translated "okey-dokey," is an informal expression derived from the Portuguese word "pronto," which means "ready." Fonseca speculates that the expression became popularized because of the influence of the creole spoken in Barlavento.

To the city of Praia

"Câ nhôs djobem di pâ baxu" is Creole for "Don't look at my private parts."

Ou Mun (澳門), which means "the gate of the bay," has been used to refer to Macau since the Ming dynasty.

LP is a Portuguese-language acronym for "lingua portuguesa," often used to refer to former Portuguese colonies.

A Christmas with neither ties nor pity

Morabeza is a Cabo Verdean concept of hospitality, reflected in the friendliness and related nature of Cabo Verde and its citizens.

Mindelo is on fire!

Bica refers to the short, espresso-style coffee enjoyed in much of Portugal. "Bica" means "spout" or "spring," but a folk etymology has developed, claiming the word is an acronym for "Beba isto com açúcar" (Drink this with sugar).

Ofelia, in addition to being a woman's name, was the name of a popular bar in Mindelo, known for its music and drinks, especially on the weekends.

Amarante is the name of a sporting club in São Vicente, known for its soccer team and for its pleasant headquarters, where members play ping-pong and other table games, as well as attending parties and dances.

The phrase "Martyrs of National Reconstruction Square" nods to the official slogan of the era, "National Reconstruction" (Reconstrução Nacional), much promoted by the "revolutionary national democracy" of the constitution of 1980.

Casa Confiança was the name of a prominent homewares store.

Chalana refers to the diminutive Portuguese left winger Fernando Albino de Sousa Chalana (1959-2922), who played at and later managed Benfica

Mário's gone. A letter, this?! But don't think that, at this moment, i'm sailing on gin and tonic!

In the phrase "pó catálogos amores mijados," here rendered "dust brochures pissed-on loves," the adjective "mijados," which literally means "wet with urine," refers to the Portuguese poet Mário H. Leiria, a surrealist who used the term to mean "blown away by luck."

Amadora is a city near Lisbon, with a large population of Cabo Verdeans. Fonseca conducted clandestine political activities there.

Advertisement (woman on offer), rather: a draft of a woman

Pão-de-leite, literally "milk bread," is a type of sweet, puffy bread popular with children.

meninazidória refers to the poet's childhood instructor at his fantilhona, or preschool. In this instance her honorific menina, which

suggests she is unmarried and childless, has been combined with her name Zidória, a Cabo Verdean corruption of the name Isidora.

Mazapáns is a traditional food in Toledo, Spain.

Pigs in delirium

A Braque Français is a hunting dog from the south of France.

Electronic poem

Dulce was the name of Fonseca's former wife, and comprises part of two of his daughters' names.

The Praça Nova is the main town square in Mindelo, a popular meeting place for lovers and friends.

Homophones of arithmetic

"The fish hunchbacked by the steep slope" refers to an image from Tantun, a small, hilly settlement on the southwest corner of Brava, where fishmongers carry large fish, including tunas, on their heads.

Jorge Carlos Fonseca is a politician, jurist, academic, and writer born in Mindelo, Cabo Verde, in 1950. A former freedom fighter, he served two terms as president of Cabo Verde, from 2011-2021. He has written over 20 books, primarily focused on issues of law. His literary output includes the collections *Silence Accused of High Treason and Incitement to Public Bad Breath* (1995), *Pigs in Delirium* (1998), and a book of selected poems, *My Nights' Seductive Inks* (2019), as well as a novel, *The Spanish Hostel* (2017). His most recent book in Portuguese is *Ukrainian Writings* (2023), a series of 100 literary fragments, written early during Russia's invasion of Ukraine. Fonseca considers his life's five animating passions to be: Freedom, Poetry, Politics, Football, and Criminal Sciences.

credit: *Jorge Carlos de Almeida Fonseca no Brasil* by Fabio Rodrigues Pozzebom / Agência Brasil, cropped from the original and converted to black and white, licensed under CC2.0

Shook is a poet and translator in California. Their translations from Portuguese include Conceição Lima's selected poems, *No Gods Live Here*, for which they were a 2017 NEA Translation Fellow, and Jorge Lauten's *Bury My Heart on Mount Ramelau*.

credit: Travis Elborough

www.ingramcontent.com/pod-product-compliance
Lightning Source LLC
LaVergne TN
LVHW041742310725
817405LV00004B/159